Çocuklara Kutsal Kitap

ISBN: 978-975-462-074-0

Sertifika No: 1007-34-009113

Yunanca orjinal metin © Greek Bible Society, 2005

Türkçe Metin © Turkish Bible Society, 2009

Haritalar © United Bible Societies, 1994, 2000, 2006.

Resimleyen: Martha Kapetanakou-Xinopoulou (Greek Bible Society'nin izniyle kullanılmıştır.)

Bu kitabın tüm yayın hakları *KİTABI MUKADDES ŞİRKETİ'ne* aittir.

İstiklal Cad. No: 237, Beyoğlu, İstanbul
Tel: 0212 244 20 60
Fax: 0212 511 11 43
info@kitabimukaddes.com

1. Baskı Ocak 2010

Baskı Adedi : 2500

Film Çıkış - Baskı Hazırlık: Mat Yapım Matbaacılık Tic. Ltd. Şti.
Tel: 0212 511 39 07
www.matyapim.com

Baskı: ARMA Baskı Sistemleri

Çocuklara Kutsal Kitap

Resimleyen Martha Kapetanakou-Xinopoulou

Kitab-ı Mukaddes Şirketi

İçindekiler

Eski Antlaşma 15

Allah dünyayı yaratıyor *(Yaratılış 1-2)* 17
Adem ve Havva Allah'tan uzaklaşıyor *(Yaratılış 3)* 21
Kayin ve Habil *(Yaratılış 4)* 23
İnsanların kötülüğü dünyayı mahvediyor *(Yaratılış 6-9)* 24
İnsanlar Allah'ı üzmeye devam ediyorlar *(Yaratılışi 11)* 28
Bir çoban Allah'a güveniyor *(Yaratılış 12-17)* 29
İbrahim ve Sara'nın bir oğlu oluyor *(Yaratılış 18-21)* 33
Ishak Rebeka ile evleniyor *(Yaratılış 24)* 34
Birbirinden farklı iki kardeş *(Yaratılış 25-27)* 37
Yakup tuhaf bir düş görüyor *(Yaratılış 28)* 41
Yakup Rahel ile evleniyor *(Yaratılış 29-30)* 42
Yakup Lavan'ın yanından ayrılıyor *(Yaratılış 30-32)* 45
Yakup Allah ile güreşiyor *(Yaratılış 32)* 47
İki kardeş barışıyor *(Yaratılış 33)* 49
Yusuf ve kardeşleri *(Yaratılış 35-37)* 50
Yusuf kardeşleri tarafından satılıyor *(Yaratılış 37)* 52
Yusuf Mısır'a varıyor *(Yaratılış 39)* 54
Yusuf düşleri yorumluyor *(Yaratılış 40)* 56
Yusuf ve Firavun *(Yaratılış 41)* 57
Yusuf'un kardeşleri Mısır'a geliyor *(Yaratılış 42)* 60
Yusuf'un kardeşleri Kenan'a geri dönüyor *(Yaratılış 42-43)* 63
Yusuf kardeşlerini kabul ediyor *(Yaratılış 43)* 66
Gümüş kase *(Yaratılış 44)* 68
Yusuf kardeşlerini bağışlıyor (Yaratılış 45-47) 69
İsrail halkı Mısır'da sıkıntı çekiyor *(Mısır'dan Çıkış 1)* 73
Bir anne oğlunu kurtarıyor *(Mısır'dan Çıkış 2)* 75
Musa'nın kaçması gerekiyor *(Mısır'dan Çıkış 2-3)* 76
Allah Musa'yı çağırıyor *(Mısır'dan Çıkış 3-4)* 76
Musa Mısır'a geri dönüyor *(Mısır'dan Çıkış 4)* 79
Musa ve Harun Firavun'a gidiyor *(Mısır'dan Çıkış 5-7)* 79
Allah Mısır'a felaketler gönderiyor *(Mısır'dan Çıkış 7-8)* 81
Allah en kötü belayı gönderiyor *(Mısır'dan Çıkış 10-12)* 83
İsrailliler Mısır'dan ayrılıyor *(Mısır'dan Çıkış 13-14)* 85
İsrailliler Kızıldeniz'i geçiyor *(Mısır'dan Çıkış 14-15)* 86
Allah halkının ihtiyaçlarını sağlıyor *(Mısır'dan Çıkış 16)* 88

Kayadan çıkan su *(Mısır'dan Çıkış 17; Sayılar 20)* ... 90
Musa Sina Dağı'na çıkıyor *(Mısır'dan Çıkış 19 -20, 24)* ... 91
On Buyruk *(Mısır'dan Çıkış 20)* ... 93
Altın buzağı *(Mısır'dan Çıkış 32)* ... 94
Musa yeniden Allah ile konuşuyor *(Mısır'dan Çıkış 33-34; Yasanın Tekrarı 6; Levililer 19)* ... 96
Buluşma Çadırı ve Antlaşma Sandığı *(Mısır'dan Çıkış 25, 35-40)* ... 97
Harun ve oğulları kâhin oluyor *(Levililer 8; Çölde Sayım 6)* ... 98
Musa Kenan yakınlarında *(Çölde Sayım 13)* ... 100
Çölde kırk yıl *(Çölde Sayım 14)* ... 101
İyileştiren yılan *(Çölde Sayım 21)* ... 102
Musa ölüyor *(Yasanın Tekrarı 31-34; Yeşu 1)* ... 104
Eriha'nın duvarları yıkılıyor *(Yeşu 6)* ... 106
Vaat Edilen Topraklar *(Yeşu 24)* ... 108
Hâkimler *(Hâkimler 2)* ... 109
Debora *(Hâkimler 4-5)* ... 110
Gidyon *(Hâkimler 6-8)* ... 112
Şimşon *(Hâkimler 13-16)* ... 115
Rut ve Naomi *(Rut 1-4)* ... 118
Samuel peygamber *(I. Samuel 1-4)* ... 120
Saul kral oluyor *(I .Samuel 8-10)* ... 122
Saul ve Davut *(I. Samuel 16)* ... 124
Davut ve Golyat *(I. Samuel 17)* ... 126
Davut ve Yonatan *(I. Samuel 18-20)* ... 129
Davut Saul'un hayatını kurtarıyor *(I. Samuel 22-24; II. Samuel 1)* ... 130
Kral Davut *(II. Samuel 5)* ... 131
Davut'un Mezmurları *(Mezmurlar 23, 139, 145)* ... 132
Kral Süleyman *(I. Krallar 3-6, 8)* ... 136
Saba Kraliçesi Süleyman'ı ziyaret ediyor *(I. Krallar 10)* ... 138
Süleyman'ın Bilgelik Sözleri *(Süleyman'ın Özdeyişleri 10-16)* ... 139
İlyas peygamber *(I. Krallar 16-17)* ... 141
İlyas ve Baal'ın peygamberleri *(I. Krallar 18)* ... 143
Yeşaya peygamber *(Yeşaya 6,7, 9, 53)* ... 145
Yeremya peygamber *(Yeremya 1, 18, 31)* ... 146
Yunus ve büyük balık *(Yunus 1-2)* ... 148
Yunus Ninova'ya gidiyor *(Yunus 3-4)* ... 150
Daniel ve arkadaşları *(Daniel 1)* ... 151
Üç arkadaş fırına atılıyor *(Daniel 3)* ... 152
Daniel aslan çukurunda *(Daniel 6)* ... 154
Daniel gelecek olan Kurtarıcı'yı anlatıyor *(Daniel 7)* ... 156

Yeni Antlaşma 159

- Kurtarıcı beklentisi 161
- Elizabet ve Zekeriya *(Luka 1)* 162
- Melek Meryem'i ziyaret ediyor *(Luka 1)* 164
- Melek Yusuf'u ziyaret ediyor *(Matta 1)* 165
- Meryem Elizabet'i ziyaret ediyor *(Luka 1)* 166
- Yahya'nın doğumu *(Luka 1)* 167
- İsa'nın doğumu *(Luka 2)* 168
- Yıldızbilimciler *(Matta 2)* 170
- Şimon ve Anna *(Luka 2)* 173
- Mısır'a kaçış *(Matta 2)* 174
- İsa tapınağa geliyor *(Luka 2)* 175
- Vaftizci Yahya *(Matta 3; Luka 3)* 177
- İsa'nın vaftizi *(Matta 3; Yuhanna 1, 8)* 178
- İsa Şeytan tarafından deneniyor *(Matta 4)* 180
- İsa havrada *(Luka 4)* 181
- İsa ve havarileri *(Luka 5)* 182
- Kana'daki düğün *(Yuhanna 2)* 184
- İsa felçli bir adamı iyileştiriyor *(Markos 2)* 187
- İsa ve Yair'in kızı *(Markos 5)* 188
- İsa ve Kefarnahum'daki yüzbaşı *(Matta 8)* 189
- İsa ve fırtına *(Markos 4)* 190
- İsa ve Yahya *(Matta 11-14)* 192
- Dağdaki Vaaz 193
  - Düşmanlarınızı sevin *(Matta 5)* 193
  - Gerçek dua *(Matta 6)* 194
  - Hayatın kaygıları *(Matta 6)* 195
  - Allah'a güven *(Matta 7)* 196
  - İki ev benzetmesi *(Matta 7)* 196
- İsa çocukları kutsuyor *(Markos 10)* 198
- En büyük kim? *(Luka 9)* 199
- İsa ve Şabat Günü *(Markos 2-3)* 200
- İyi Samiriyeli *(Luka 10)* 202
- Allah herkesi kurtarmak istiyor 204
  - Kaybolan koyun *(Luka 15)* 204
  - Kaybolan para *(Luka 15)* 207
  - Kaybolan oğul *(Luka 15)* 207
- İsa beş bin kişiyi doyuruyor *(Matta 14)* 210
- İsa su üzerinde yürüyor *(Matta 14)* 211
- İsa hastaları iyileştiriyor *(Markos 6)* 213

Yaşam ekmeği *(Yuhanna 6)* 214
Büyük şölen *(Luka 14)* 216
"Sen İsa'sın" *(Matta 16)* 217
Allah İsa'nın kim olduğunu gösteriyor *(Matta 17)* 219
Havarilerin ikisi en iyi yeri istiyor *(Markos 10)* 220
İyi Çoban *(Yuhanna 10)* 220
İsa on hastayı iyileştiriyor *(Luka 17)* 221
İsa kör dilenciyi iyileştiriyor *(Markos 10)* 222
İsa Zakkay'ı ziyaret ediyor *(Luka 19)* 224
Meryem ve Marta *(Luka 10)* 226
Lazar *(Yuhanna 11)* 227
Meryem İsa'yı meshediyor (Yuhanna 12) 229
İsa'nın Yeruşalim'e girişi *(Markos 11)* 230
İsa satıcıları tapınaktan kovuyor *(Markos 11)* 232
İsa çağın sonu hakkında konuşuyor *(Markos 13)* 233
Yahuda'nın ihaneti *(Markos 14)* 235
İsa havarileriyle Fısıh Bayramı'nı kutluyor *(Markos 14)* 236
İsa havarilerinin ayaklarını yıkıyor *(Yuhanna 13)* 238
Son akşam yemeği *(Markos 14)* 240
Petros'un İsa'ya vaadi *(Markos 14)* 242
İsa Getsemani Bahçesi'nde dua ediyor *(Markos 14)* 242
Petros'un inkarı *(Markos 14)* 247
İsa sorgulanıyor *(Markos 14)* 248
İsa Pilatus'un önüne çıkarılıyor *(Markos 15; Matta 27)* 249
Yahuda ihanetinden ötürü pişmanlık duyuyor *(Matta 27)* 252
İsa çarmıhta ölüyor *(Markos 15)* 253
İsa'nın gömülmesi *(Markos 15; Yuhanna 19)* 255
İsa'nın dirilişi *(Luka 24)* 257
Emmaus yolunda *(Luka 24)* 259
İsa havarilerine görünüyor *(Yuhanna 20)* 261
İsa ve Tomas *(Yuhanna 20)* 262
İsa Celile Gölü'nde yeniden görülüyor *(Yuhanna 21)* 263
İsa ve Petros *(Yuhanna 21)* 265
İsa göğe yükseliyor *(Luka 24; Elçilerin İşleri 1)* 267
Pentikost *(Elçilerin İşleri 2)* 268
Stefanos ve Saul *(Elçilerin İşleri 6-8)* 269
Saul Şam'a gidiyor *(Elçilerin İşleri 9)* 273
Hananya Saul'a yardım ediyor *(Elçilerin İşleri 9)* 275
Saul İsa'yı vaaz ediyor *(Elçilerin İşleri 9)* 275
Saul'a yeni bir isim veriliyor *(Elçilerin İşleri 11-13)* 277

Pavlos Yunanistan'a gidiyor *(Elçilerin İşleri 16)* 278
Pavlos kötü bir ruhu kovuyor *(Elçilerin İşleri16)* 278
Pavlos ve Silas hapiste *(Elçilerin İşleri 16)*..281
Pavlos'un yolculukları *(Elçilerin İşleri 17)* 282
Pavlos Atina'ya geliyor *(Elçilerin İşleri 17)*...283
Pavlos Yeruşalim'e geri dönüyor *(Elçilerin İşleri 20)* 286
Pavlos tutuklanıyor *(Elçilerin İşleri 21)*..287
Roma yolculuğu *(Elçilerin İşleri 24-28)* 288
Pavlos birçok mektup yazıyor *(1. Korintliler 12; 1. Yuhanna 4)* 291
Allah'ın yeni dünyası *(Vahiy 7)* 294

Haritalar 297

Τοῖς ἐντευξομένοις, τέκνοις τῆς ἡμῶν Μετριότητος ἐν Κυρίῳ ἀγαπητοῖς, χάριν καί εἰρήνην παρά Θεοῦ.

Ἡ Ἐκκλησία ὡς Μήτηρ, κατά τόν ἐν Ἁγίοις προκάτοχον τῆς ἡμετέρας Μετριότητος Ἰωάννην τόν Χρυσόστομον, τρέφει τά παιδία αὐτῆς γάλακτι ἁγίῳ καί ἀγωνίζεται ἀπ' ἀρχῆς, ἵνα ὁδηγήσῃ αὐτά εἰς σωτηρίαν. Ὁ αὐτός Ἅγιος ὡς Ἀρχιεπίσκοπος Κωνσταντινουπόλεως ἐπέτρεψεν ἵνα οἱ ἐν τῇ Πόλει ἐγκατεστημένοι μισθοφόροι Γότθοι τελῶσι τά τῆς λατρείας αὐτῶν εἰς τήν ἑαυτῶν μητρικήν γλῶσσαν. Τοῦτ' αὐτό ἔπραξε καί διά πάντας τούς δεχθέντας τό εὐαγγέλιον τῆς σωτηρίας.

Ἑπομένως, πᾶσα ἔκδοσις, ἀποσκοποῦσα εἰς τήν πνευματικήν τροφοδοσίαν τουρκοφώνων Χριστιανῶν ἤ ἐνδιαφερομένων διά τήν ἁγίαν καί ἀμώμητον πίστιν ἡμῶν, ὠφέλιμός ἐστι πρός διδασκαλίαν (Β' Τιμ. Γ', 16), ἰδίως δέ ὁ λόγος τοῦ Θεοῦ ὁ ἐν τοῖς θεοπνεύστοις βιβλίοις τῆς τε Παλαιᾶς καί τῆς Καινῆς Διαθήκης καταγραφείς.

Πρόσθες δ' ὅτι ἡ Ἁγία διά παιδία Γραφή, ἕνεκα τῆς ἁπλουστεύσεως τῶν ἐν αὐτῇ ἱστορουμένων πρός ἠθοπλασίαν, ὠφελεῖ οὐχί μόνον τούς παῖδας ἀλλά καί πάντας τούς ἐπιποθοῦντας νά μάθωσι τά τοῦ θεμελίου, ἐφ' οὗ ᾠκοδομήθη τό ἅγιον καί ἱερόν τῆς Ἐκκλησίας οἰκοδόμημα.

Περιβάλλομεν, ὅθεν, τήν ἔκδοσιν «Τά παιδιά διαβάζουν τήν Βίβλο» εἰς τήν Τουρκικήν διά τῆς ἡμετέρας Πατριαρχικῆς εὐλογίας, εὐχόμενοι ἅμα πραγματοποίησιν καί ἄλλων ἐκδόσεων, κυρίως λειτουργικῶν καί κατηχητικῶν, πρός ἐμπέδωσιν τῆς Ὀρθοδόξου Πίστεως ἥτις ἐρείδεται καί ἐπί τῆς Ἁγίας Γραφῆς ἀλλά καί ἐπί τῆς Ἱερᾶς Ἀποστολικῆς Παραδόσεως, τῆς ἐχούσης τήν αὐτήν ἰσχύν πρός εὐσέβειαν.

Ἡ χάρις τοῦ Θεοῦ καί τό ἄπειρον Αὐτοῦ ἔλεος εἴησαν μεθ' ὑμῶν πάντων.

,βι' Ἰανουαρίου ιη'

Tanrı katında sevgili evlatlarımız,

Selefimiz Aziz İoannis Hrisostomos'a göre Kilise, Ana olarak evlatlarını kutsal sütile besler ve başlangıçtan itibaren onları kurtuluşa sevk etmek için mücadele eder. Adı geçen Aziz, Konstantinopolis Başepiskoposu olarak görev yaparken şehirde ücretli asker olarak yerleşik olan Gotlara, ibadetlerini kendi ana dillerinde yapma izni vermişti. Bu uygulamayı kurtuluş müjdesini kabul eden herkes için tekrarladı.

Dolayısıyla, Türkçe konuşan Hristiyanların ruhsal beslenmesine hizmet edecek veya kutsal ve saf inancımız hakkında bilgi sahibi olmak isteyenlerin yararlanabileceği her yayın, özellikle de Tanrısal esinle Eski ve Yeni Ahit'te yer alan Tanrı Sözü, "doğruluk konusunda eğitmek için yararlıdır" (2.Tim.3:16).

Bu nedenle, Kutsal Kitap'ta geçen öykülerin çocukların kavrayabilecekleri şekilde sadeleştirilerek aktarılması sadece çocuklara değil, Kilise'nin aziz ve kutsal yapısının üzerine kurulduğu temeli öğrenmek isteyen herkese faydalı olacaktır.

"Çocuklara Kutsal Kitap" isimli eserin Türkçe basımını Patriklik dualarımızla kutsamaktayız. Özellikle Kutsal Kitap ve Havarisel gelenekte öngörüldüğü şekliyle doğru Hristiyan inancının özümsenmesini sağlayacak, liturjik ve eğitsel eserler başta olmak üzere, yeni yayınlar gerçekleştirmenizi dileriz.

Tanrı'nın lütfu ve O'nun sonsuz bağışlayıcılığı hepinizle olsun.

İstanbul Rum Patriği Bartholomeos

Eski Antlaşma

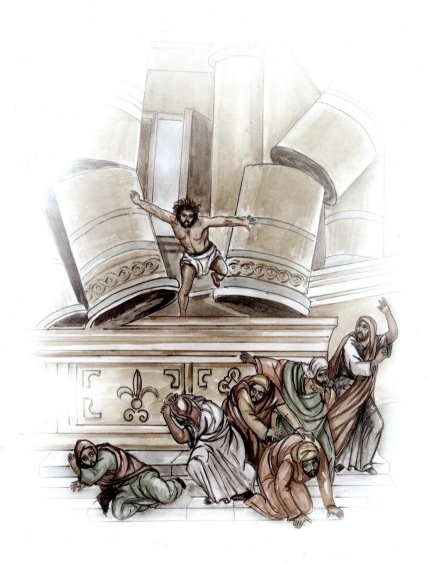

Allah dünyayı yaratıyor

Başlangıçta Allah göğü ve yeri yarattı. Fakat yer tamamen çıplaktı. Her yerde karanlık ve su vardı. Sonra Allah, "Işık olsun!" dedi. Ve ışık göründü. Allah memnun oldu, çünkü ışığın iyi olduğunu gördü.
Işığa, 'Gündüz' ve karanlığa 'Gece' adını verdi.

Sonra Allah, "Suların ortasında bir kubbe olsun, suları birbirinden ayırsın!" dedi. Öyle oldu. Allah bu kubbeye 'Gök' adını verdi.

Sonra Allah, "Göğün altındaki sular bir yere toplansın, kuru toprak görünsün!" dedi. Öyle oldu. Kuru toprağa 'Kara', sulara ise 'Deniz' adını verdi. Allah memnun oldu, çünkü bu da iyiydi.

Sonra Allah, "Yeryüzü yeşil bitkilerle, tohum veren otlar ve tohumu meyvesinde bulunan meyve ağaçları ile dolsun!" dedi. Sonra yeryüzünde yeşil renkli otlar, her türlü renkli çiçekler ve ağaçlar yetişti. Allah memnun oldu, çünkü bu da iyiydi.

Sonra Allah, "Gökyüzünde, yeryüzünü aydınlatacak, gündüzü geceden ayıracak, mevsimleri ve yılları gösterecek ışıklar olsun!" dedi. Böylece, gündüz için güneşi, gece için ayı ve yıldızları yarattı. Allah memnun oldu, çünkü bu da iyiydi.

Sonra Allah, "Sular ve hava, canlı yaratıklarla dolsun!" dedi. Böylece, balıkları, suda yaşayan canlıları ve küçük büyük tüm kuşları yarattı. Allah memnun oldu, çünkü bu da iyiydi.

Sonra Allah, "Yeryüzü canlılarla dolsun!" dedi. Böylece yeryüzünde yaşayan tüm hayvanları yarattı: Evcil ve vahşi, en küçüğünden en büyüğüne, hepsini O yarattı. Allah memnun oldu, çünkü bu da iyiydi.

Karada yaşayan tüm hayvanlara, kuşlara ve balıklara, "Çoğalın, verimli olun, denizleri ve yeryüzünü doldurun!" dedi.

Sonra Allah, "Şimdi de, Benim gibi yaşayan bir varlık yaratmak istiyorum. Bir insan yaratmak istiyorum" dedi. Böylece Allah insanları kendi benzeyişinde yarattı; erkeği ve kadını yarattı.

Sonra onları kutsadı ve, "Çok çocuğunuz olsun ve yeryüzünü doldurun. Balıkların, kuşların ve diğer hayvanların üzerinde egemen olacaksınız. Ağaçlar ve meyveleri sizin olacak. Onları bakmanız için size emanet ediyorum" dedi.

Allah yarattıklarının tümüne baktı ve memnun oldu, çünkü hepsi çok iyiydi. Sonra Allah dinlendi. Her şeyi yaratmayı tamamladığı

günü kutsadı ve insanların onurlandırması için o günü ayırdı. O gün, Şabat Günü dinlenecekler ve tüm iyi işlerinden ötürü Allah'ı yücelteceklerdi.

İşte, Allah göğü ve yeri böyle yarattı.

Allah çok güzel bir yerde bir bahçe dikti ve yarattığı insanları, Adem ve Havva'yı oraya yerleştirdi. Bahçede güzel, lezzetli meyveler veren her türlü ağaçtan vardı. Fakat Allah insanlara bir kural koydu: Bahçenin ortasında duran ağacın meyvesinden yememelerini söyledi.

(Yaratılış 1-2)

Adem ve Havva Allah'tan uzaklaşıyor

Allah'ın yarattığı tüm yaratıklar arasında en kurnazı yılandı. Yılan Havva'ya, "Allah gerçekten ağaçların hiçbirinin meyvesinden yememenizi mi söyledi?" diye sordu. Kadın, "Bahçenin ortasında duran ağaç dışında, diğer tüm ağaçlardan yiyebiliriz. Çünkü Allah, 'Eğer o ağacın meyvesini yerseniz ölürsünüz' dedi" diye yanıtladı.

Yılan, "Hiç de değil! Kesinlikle ölmezsiniz! Allah biliyor ki, o ağacın meyvesini yediğinizde gözleriniz açılacak, iyiyle kötüyü bileceksiniz. Allah gibi olacaksınız" dedi. Havva ağaca baktı; tatlı ve sulu görünüyordu. Bir meyve aldı ve yedi. Adem'e verdi ve o da yedi. O zaman çıplak olduklarını fark ettiler.

O akşam Allah bahçede gezintiye çıkmıştı. Adem ve Havva O'nu duyduklarında korktular ve kendilerini görmesin diye saklandılar. Allah onları çağırdı ve, "Neredesiniz? Yasakladığım ağacın meyvesini mi yediniz?" diye sordu. Adem, "Kadınım bana meyveyi verdi, ben de yedim!" dedi. Havva ise, "Yılan beni kandırdı, ben de yedim!" dedi.

Sonra, Allah yılanı, toprakta karnı üzerinde sürünmek zorunda bırakarak cezalandırdı. Kadına, "Çocuklarını acı içinde doğuracaksın" dedi. Sonra adama, "Ekmeğini kazanmak için toprağı işlemek ve çok çalışmak zorunda kalacaksın " dedi. Allah hayvan derisinden giysiler yaptı. Onları bahçeden kovdu ve bahçenin kapısını koruması için bir meleği görevlendirdi.

(Yaratılış 3)

Kayin ve Habil

Adem ve Havva'nın ilk çocukları Kayin ve Habil oldu. Kayin toprağı işliyordu, Habil ise çobanlık yapıyordu. Bir gün her ikisi de Allah'a kurban sundular; Kayin toprağın ürününden, Habil ise, sürüsünün en iyi koyunlarından getirdi.

Kayin, Habil'in kurbanlarının kendisininkinden daha fazla kabul edildiğini fark etti ve kıskandı. Bir gün, kadeşi Habil'e, "Haydi, tarlaya gidelim" dedi. Burada, Kayin Habil'e saldırıp onu öldürdü. Sonra Allah'ın sesini duydu, "Kardeşin Habil nerede?" diye soruyordu. Kayin,

"Ben nereden bileyim? Kardeşimin bekçisi miyim?" diye cevap verdi. Fakat Allah yeniden konuştu: "Kayin, ne yaptın? Kardeşinin kanı bana topraktan sesleniyor. Kardeşinin kanını içen toprak seni lanetleyecek. Toprağı işleyeceksin ama ürün vermeyecek. Yaşadığın sürece acı ve zorluk çekeceksin." Böylece, Kayin, Allah'ın kendisiyle konuştuğu toprakları bıraktı ve yaşamak için başka bir yere gitti.

(Yaratılış 4)

İnsanların kötülüğü dünyayı mahvediyor

İnsanlar çoğalıp yeryüzünde dağıldılar. Fakat artık Allah'ı umursamıyorlardı. Kötü oldular ve kötülük ettiler. Tüm insanlık içinde, sadece Nuh adında bir adam hâlâ dürüsttü. Bir gün Allah Nuh'a, "İnsanlığın sonu geldi, çünkü yeryüzü suçlarıyla doldu. Bu nedenle, insanlar yok olacak, ama seni kurtaracağım. Büyük bir ahşap gemi yap" dedi. Ve Nuh Allah'ın kendisine söylediği gibi gemiyi yaptı.

Sonra Allah Nuh'a, "Oğulların, eşin ve oğullarının eşleriyle birlikte gemiye bin. Soyları tükenmesin diye, yeryüzünde yaşayan hayvanlardan bir erkek bir dişi olmak üzere ikişer tane gemiye al" dedi. Nuh Allah'ın kendisinden istediklerinin hepsini yaptı. Yedi gün sonra o kadar şiddetli bir yağmur yağdı ki, dünyanın her yeri sular altında kaldı. Kırk gün, kırk gece hiç durmadan yağmur yağdı. Yeryüzünde

yaşayan her canlı boğulana kadar sular yükselmeye devam etti. Öte yandan Allah Nuh'un ailesini ve gemideki hayvanları unutmamıştı. Yağmuru durdurdu ve suların çekilmesi için yeryüzüne rüzgarı gönderdi. Ve Nuh'un gemisi Ağrı Dağı'nda karaya oturdu.

Nuh birkaç gün bekledi ve sonra pencereyi açıp bir güvercini saldı. Aynı akşam güvercin, gagasında yeni kopmuş bir zeytin yaprağıyla geri döndü. Böylece Nuh, suların çekildiğini ve bitkilerin yeniden büyümeye başladığını anladı.

Sonra Allah Nuh'a, "Artık gemiden çıkın! Üresinler ve yeryüzüne dağılsınlar diye bütün hayvanları da serbest bırak" dedi. Nuh Allah'a şükretmek için bir sunak yaptı ve Allah'a kurban sundu.

Sonra Allah Nuh'a, "İnsanlarla bir antlaşma yapmak istiyorum" dedi, "Yeryüzünü yok edecek bir tufanın bir daha olmayacağına söz veriyorum. Gökyüzündeki gökkuşağına bak. Antlaşmamın işareti bu olacak. Gökkuşağını gördüğünüzde anlayacaksınız ve 'Allah bizimle' diyeceksiniz." Ve insanlar yine yeryüzüne yayılmaya başladılar.

(Yaratılış 6-9)

İnsanlar Allah'ı üzmeye devam ediyorlar

İnsanlar ve kentleri büyümeye başladıkça, çok büyük ve etkileyici bir şey inşa etmeye karar verdiler. Dediler ki, "Kendimize bir kent kuralım, göklere erişecek bir kule yapalım, böylece ün salalım." İnsanların yaptıklarını gören Allah, kibirle dolu olduklarını gördü ve onları durdurmaya karar verdi. Sonuç olarak, artık birbirlerini anlayamayacakları şekilde dillerini karıştırdı. Kente Babil adını verdiler ve oradan insanlar dünyanın dört bir yanına dağıldılar.

(Yaratılış 11)

Bir çoban Allah'a güveniyor

Mezopotamya'da, Harran Kenti'nde, eşi Sara'yla birlikte İbrahim adında bir adam yaşardı. Çocukları olmadan yaşlanmışlardı. Bir gün Allah İbrahim'e, "Ülkeni bırak! Her şeyi, evini, akrabalarını ve arkadaşlarını arkanda bırak. Sana göstereceğim ülkeye git. Büyük bir ulusun atası olacaksın ve ben seni kutsayacağım" dedi.

İbrahim Allah'ın kendisine buyurduğu gibi yaptı. Eşi Sara'yı, yeğeni Lut'u aldı ve Harran'dan ayrıldı. Hayvanları ve hizmetkarları da dahil olmak üzere kendilerine ait olan her şeyi de yanlarına aldılar. Allah'ın vaat ettiği toprakların adı Kenan'dı ve oraya kadar yolculuk çok uzun sürdü. Sonunda oraya vardıklarında, Allah İbrahim'e şöyle dedi: "Bu toprakları sana ve soyuna vereceğim." İbrahim, Allah'ın kendisiyle konuştuğu yerde bir sunak yaptı ve şükretti.

İbrahim çok zengindi. Altınları, gümüşleri, çok sayıda koyunları ve keçileri vardı. Yeğeni Lut'un da çok sayıda koyunu ve keçisi vardı. Kısa bir süre içinde sürülerin hepsinin otlayabilmesi için yeterli otlak kalmamıştı. Bazen İbrahim'in çobanları Lut'un çobanlarıyla otlaklarla ilgili olarak tartışıyorlardı. İbrahim Lut'a, "Biz aileyiz! Kavgaya gerek yok, çünkü toprakların hepsi bizim. Her şeyi bölelim. Sen sola gitmeye karar verirsen, ben sağa gideceğim, sen sağa gitmeye karar verirsen, ben de sola gideceğim" dedi.

Lut çevresine iyice baktı. Ürdün Irmağı'nın vadisini gördü, burada çok su vardı ve her yer yemyeşildi. Bu nedenle Lut oraya gitmeye karar verdi, İbrahim ise Kenan'da kaldı. Allah İbrahim'e, "Soyun, toprağın tozundaki kum tanecikleri kadar çok olacak" dedi. Fakat İbrahim, "Hiç çocuğum yok ve artık çok yaşlandım. Sara ve ben ne zaman çocuk sahibi olacağız?" diye sordu.

O gece Allah İbrahim'e, "Gökyüzüne bak ve sayabilirsen, yıldızları say. Aynı şekilde, soyundan gelenler sayılamayacak kadar çok olacak" dedi. İbrahim Allah'a güvendi ve söylediklerine inandı.

(Yaratılış 12-17)

İbrahim ve Sara'nın bir oğlu oluyor

Bir gün İbrahim çadırının dışında otururken Allah, üç melek biçiminde kendisine göründü. İbrahim, üç adamın orada durduklarını gördüğünde öğle vaktiydi. Hemen onları buyur etmek için koştu ve önlerinde eğildi. "Yemeğe buyrun" dedi. Adamlar ona teşekkür ettiler ve çadırın gölgesinde oturdular.

İbrahim güzel bir yemek hazırladı ve Sara ekmek pişirdi. Yemek hazır olduğunda, İbrahim misafirlerine yemek sundu.

Yemek yedikten sonra İbrahim'e, "Eşin Sara nerede?" diye sordular. "Çadırda" diye cevap verdi. Adamlardan biri şöyle dedi: "Seneye bu zamanlarda, karın bir oğul doğurduğunda geri geleceğim." Sara adamın söylediklerini duydu ve kulaklarına inanamadı! Gülerek, "Ama biz çok yaşlandık! Artık çocuğumuz olmaz" diye düşündü. Adam onu duydu ve "Neden gülüyorsun? Allah için hiçbir şey olanaksız değildir!" dedi.

Bir yıl sonra, Allah sözünü yerine getirdi: Sara'nın oğlu oldu. Adını İshak koydular. İshak, 'Güler' anlamına gelir, çünkü Sara, oğulları olacağını duyunca gülmüştü.

(Yaratılış 18-21)

İshak Rebeka ile evleniyor

Annesi Sara öldüğünde İshak hâlâ küçüktü. İbrahim ve oğlu çok üzüldüler. İbrahim yaşadıkları Hevron Kenti'nde bir tarla satın aldı. Sara'yı tarladaki mağaraya gömdüler. İshak büyüdüğünde, İbrahim gerçekten de çok yaşlanmıştı. Sonra İbrahim İshak'a bir eş bulması gerektiğine karar verdi. Hizmetkarı Eliezer'i bir zamanlar eşi Sara ile yaşadığı topraklara gönderdi. İbrahim, on deveyi güzel ve pahalı armağanlarla yükledi ve bunları Eliezer'e verdi.

Eliezer, bir zamanlar İbrahim'in yaşadığı kente yaklaştığında develeri dinlenmeleri için bir kuyunun yanında serbest bıraktı. Eliezer Allah'a dua etti: "Rab, İshak için doğru eşi bulmama yardım et! İkindi vakti oldu ve birazdan köydeki kızlar su çekmek için kuyuya gelecekler. O zaman onlardan birine, 'Lütfen testini indir, biraz su içeyim' diyeceğim. Eğer, 'Sen iç, ben de develerine içireyim' derse, o zaman İshak için seçtiğin gelinin o olduğunu anlayacağım."

Daha duasını bitirmeden, Rebeka adında çok güzel bir kız, omzunda su testisiyle birlikte göründü. Kuyuya gitti, testisini doldurdu ve yeniden çıktı. Sonra Eliezer ona doğru koştu ve şöyle dedi: "Lütfen testinden biraz su ver içeyim." Rebeka, "İç, efendim" diyerek cevap verdi. İçmesi için testisini indirdi. Sonra da şöyle dedi: "Develerin için de su çekeyim. Kanıncaya kadar su içsinler!"

Eliezer kızın develere su verişini izledi. Sonra Rebeka'ya birkaç mücevher verdi. "Babanın evinde geceyi geçirebileceğimiz bir yer var mı?" diye sordu. Rebeka, "Evimizde saman ve yem bol. Uyuyabileceğiniz yer de var" dedi. O zaman Eliezer, duasını işittiği için Rab'be şükretti.

Rebeka eve koştu. Olanları ailesine anlattı. Eliezer evlerine vardığında, onu akşam yemeğine davet ettiler. Fakat o, "Size söyleyeceklerimi söyleyene kadar yemek yemeyeceğim" dedi. Sonra da, İbrahim'in kendisini İshak'a eş bulmak için gönderdiğini ve Allah'ın kendisini Rebeka'ya yönlendirdiğini anlattı. Eliezer, gümüş ve altın mücevherler, elbiseler çıkarıp Rebeka'ya verdi. Kardeşi Lavan ve annesine de pahalı armağanlar verdi. Sonra da birlikte yemek yediler.

Ertesi sabah Eliezer, "İbrahim'e geri dönmeliyim. Rebeka benimle gelmek ister mi?" diye sordu. Kız, "Gelmek isterim" diye cevap verdi. Rebeka ve hizmetkarları develerini yükledi ve hep birlikte yola çıktılar. İbrahim'in evine vardıklarında Rebeka İshak'ın eşi oldu. İshak onu sevdi ve böylece annesinin yasından ötürü teselli buldu.

(Yaratılış 24)

Birbirinden farklı iki kardeş

Rebeka ve İshak'ın iki oğlu oldu. İkiz oldukları halde, doğumlarından beri birbirlerinden tamamen farklıydılar. Birinin adı Esav'dı. Saçları kızıldı. İkincisinin adı Yakup'tu. Yakup abisinin topuğunu sımsıkı tutarak doğmuştu.

Çocuklar büyüdüler. Esav çok iyi bir avcı oldu. Avlanmak için ormanlara ve kırlara giderdi. İshak oğlu Esav'ı çok seviyordu.

Yakup daha sessizdi ve çadırda kalmaktan hoşlanırdı. Çoban olup sürülere baktı. Rebeka daha çok Yakup'u seviyordu. Doğumdan önce Allah, "Büyük olan küçüğüne hizmet edecek" demişti.

Bir gün, Esav çok yorgun ve aç bir halde çadıra geldi. Yakup mercimek pişirmişti. Esav kardeşine, "Çok yorgunum, lütfen bana çorbadan ver de içeyim" dedi. Yakup, "Bana ilk oğulluk hakkını sat" dedi. Esav,

"Açlıktan ölüyorum! Bu hakkın bana ne yararı var?" dedi. Yakup ise, "Önce ant iç!" diye cevap verdi. Esav ant içti, Yakup da ona ekmek ve mercimek çorbası verdi. Böylece Esav ilk oğulluk hakkını mercimek çorbasına satmış oldu ve artık babasının sahip olduğu her şey Yakup'undu.

Bu sırada İshak o kadar yaşlanmıştı ki, gözleri iyice bozulmuştu ve neredeyse kör olmuştu. Bir gün Esav'ı çağırdı ve, "Çok yaşlandım, sanırım yakında öleceğim. Silahlarını al, bana biraz et getir. Benim için güzel bir yemek hazırla, ben de ölmeden önce seni kutsayayım" dedi.

Rebeka, İshak'ın oğlu Esav'a söylediklerini duydu ve Allah'ın kendisine, "Büyüğü küçüğüne hizmet edecek" dediğini hatırladı. Sonra Yakup'u çağırdı, "Şimdi dikkat et ve benim söylediklerimi yap. Sürüden bana iki oğlak getir. Onları babanın sevdiği gibi lezzetli bir şekilde pişireceğim. Yemesi için onu babana sen götüreceksin. Öyle ki, ölmeden önce seni kutsasın" dedi.

Yakup şöyle karşılık verdi: "Babam Esav olmadığımı anlar. Esav killi, bense değilim." O zaman Rebeka oğlakların derisini aldı ve İshak'ın kollarının ve ensesinin kılsız yerlerini oğlak derisiyle kapladı.

Yakup yemeği babasına götürdü. İshak, "Kimsin?" diye sordu ve Yakup, "Ben ilk oğlun Esav" dedi. İshak kuşkulandı ve elini uzatıp koluna dokundu. "Ses Yakup'un sesi, ama eller Esav'ın elleri gibi" dedi. İshak yemeği yedikten sonra ellerini Yakup'un üzerine koydu ve şöyle dedi: "Seni kutsuyorum! Allah'ın babam İbrahim'e vaat ettiği topraklar senin olsun. Allah sana bol buğday ve yeni şarap versin. Sen efendi olacaksın, kardeşin ise hizmetkarın olacak."

Yakup oradan ayrılır ayrılmaz, Esav avdan döndü. Güzel bir yemek hazırladı ve babasına götürüp, "Beni kutsa baba!" dedi.

O zaman İshak Esav'ın sesini tanıdı ve öfkelendi. "Eğer sen Esav isen, o zaman ben kardeşin Yakup'u kutsadım! Geri alamam artık." Esav kardeşine çok kızdı ve onu öldürmek istedi. Rebeka bunu duyduğunda Yakup'a, "Harran'daki dayın Lavan'a git. Abinin öfkesi yatışana kadar orada kal" dedi.

(Yaratılış 25-27)

Yakup tuhaf bir düş görüyor

Yakup hava kararana kadar yürüdü ve sonra uyuyabileceği bir yer aradı. O gece bir düş gördü: Yeryüzünde bir merdiven dikiliyor ve göğe erişiyordu. Allah'ın melekleri merdivenden inip çıkıyordu. Allah yanıbaşında durdu ve şöyle dedi: "Atan İbrahim'in, İshak'ın Allahı Rab benim. Üzerinde yattığın toprakları sana ve soyuna vereceğim. Yeryüzünün tozu kadar sayısız bir soya sahip olacaksın. Seninle birlikteyim. Gideceğin her yerde seni koruyacağım."

Yakup uyanınca korktu ve şöyle dedi: "Gerçekten de Rab burada olmalı! Burası göklerin kapısı! Döndüğümde, bu yer Rab'be tapınmaya adanmış bir yer olacak." Bu yere 'Allah'ın evi' anlamına gelen Beytel adını verdi.

(Yaratılış 28)

Yakup Rahel ile evleniyor

Yakup dayısı Lavan'ın yaşadığı ülkeye vardı. Harran Kenti'ne yakın bir yerde, ağzında ağır bir taş olan bir kuyu vardı. Kuyunun çevresinde su içen sürüler vardı. Yakup bunu gördüğünde sürülere bakan genç kadınlara, "Sürülere neden su vermiyorsunuz?" diye sordu. Genç kadınlar, "Kuyunun ağzını kapatan taş çok ağır. Genç erkek çobanlar gelene kadar beklememiz gerekiyor" diye cevap verdiler. Onlar da Harran'dan geldiklerini ve dayısı Lavan'ı tanıdıklarını söylediler.

Genç bir kız sürüleriyle birlikte yaklaşırken çobanlar, "Bu tarafa doğru gelen, Lavan'ın kızı Rahel" dediler. Yakup Rahel'i gördüğünde, kuyuya gitti, taşı kendisi kaldırdı ve Rahel'in sürüsüne su verdi.

Yakup Rahel'i sevinçle selamladı. "Ben Rebeka'nın oğlu Yakup'um. Biz akrabayız!" dedi. Rahel çabucak evine koştu ve babasına Rebeka'nın oğlunun geldiğini haber verdi. Lavan, Yakup'un ziyaretine çok sevindi ve onlarla birlikte kalmaları için davet etti.

Yakup Rahel'e aşık oldu ve dayısına, "Kızın Rahel'i bana eş olarak verirsen yedi yıl senin için çalışırım" dedi. Lavan kabul etti. Yedi yıl Yakup için çabucak geçti, çünkü sevdiği Rahel'in yakınındaydı. Zaman geldiğinde, Lavan düğün şölenine pek çok kişiyi davet etti. Gelin, çok uzun ve kalın bir duvağı olan o kadar güzel bir gelinlik giymişti ki Yakup yüzünü göremedi.

Ertesi sabah Yakup gelinin Rahel değil, Lea olduğunu gördü. Çok öfkelendi ve Lavan'a, "Senin için yedi yıl boyunca, Rahel'le evlenebilmek için çalıştım. Niçin beni aldattın?" dedi. Lavan şöyle cevap verdi: "Bizim buralarda küçük kızı önce evlendirmek adet değildir. Rahel'le de evlenebilirsin! Ama benim için yedi yıl daha çalışman gerekecek." Böylece Yakup Lavan'ın söylediğini yaptı. Rahel'le evlendi ve Lavan için yedi yıl daha çalıştı. Lea'nın birçok çocuğu oldu. Rahel yıllarca çocuğu olmadığı için üzüldü. Sonunda Rab ona adını Yusuf koyduğu bir çocuk verdi.

(Yaratılış 29-30)

Yakup Lavan'ın yanından ayrılıyor

Yakup Lavan için uzun bir süre çalıştı. Yakup yaptığı her işte başarılı olduğu için Lavan çok zengin oldu. Yakup sürülerle ilgilendiğinde, güçlü ve sağlıklı bir şekilde yetişen birçok yavruları oldu.

Yakup'un kendi sürüsü de vardı. Yeni doğan hayvanlardan kara ve beyaz olanları Lavan'ın alması, benekli olanları ise Yakup'un alması için aralarında anlaştılar. Bu şekilde Yakup da zengin oldu.

Bir süre sonra Lavan ve çocukları, zengin olduğu için Yakup'u çok kıskandılar. Öfkeyle, "Yakup'un elindekiler aslında bizim. Bizden aldı!" dediler. Yakup bu nedenle gizlice Lavan'ın yanından ayrılmak zorunda kaldı. Lea'yla Rahel'i ve çocukları develerine bindirdi, sürülerini ve sahip olduğu her şeyi alıp memleketi olan Kenan'a gitmek üzere yola çıktı.

Lavan üç gün sonra Yakup ve ailesinin oradan ayrıldığını öğrendi. Çabucak onların peşinden gidip onlara yetişti. Yakup'a şöyle dedi: "Neden kızlarımı ve torunlarımı benden kaçırıyorsun?" Yakup, "Neden bana hrsızmışım gibi davranıyorsun? Senin için yirmi yıl çalıştım. Sayemde zengin oldun. Allah bana yardım etmeseydi, bugün hâlâ yoksul olurdum!" dedi. Lavan gece Allah'ın kendisine bir düşte göründüğünü ve, "Dikkatli ol! Yakup'a zarar verme!" dediğini hatırladı. Bu nedenle Lavan şöyle dedi: "Tartışmayalım. Anlaşalım."

Lavan ve Yakup aralarında bir antlaşma yaptılar. "Barış içinde olmak istiyoruz" dediler. Sonra birlikte yiyip içtiler. Ertesi sabah Lavan kızlarını ve torunlarını öptü, onları kutsadı. Sonra evine döndü.

Yakup ve ailesi yolculuklarına devam ettiler. Kenan'a yaklaşırken, Yakup abisi Esav'ın kendisine hâlâ öfkeli olup olmadığını merak ediyordu. Yakup Allah'a dua etti ve "Esav'a büyük bir armağan vereceğim" dedi. Abisi için dört yüz koyun ve keçi ayırdı. Ayrıca develer, büyük baş hayvanlar ve eşekler ayırdı. Hizmetkarlar armağanları vermek için Esav'ın yanına geldiklerinde, "Bunlar kardeşin Yakup'tan sana armağan!" dediler. Yakup bu şekilde abisinin onun dönüşünü kabul edeceğini umuyordu.

(Yaratılış 30-32)

Yakup Allah'la güreşiyor

O gece Yakup ve ailesi Yabbuk Irmağı'na ulaştı. Kadınlara ve çocuklara bütün eşyalarla birlikte karşıya geçmeleri için yardım ettikten sonra, Yakup arkada kaldı.

Sonra bir adam geldi ve bütün gece Yakup'la güreşti, ama onu yenemedi.

Sabah olduğunda, adam Yakup'un uyluk kemiğine vurdu ve kemiği çıktı. Adam dedi ki: "Bırak beni gideyim, gün ağarıyor." Fakat Yakup, "Beni kutsamadıkça seni bırakmam" dedi. Sonra adam sordu, "Adın ne?" "Yakup" diye cevap verdi. Adam, "Artık adın Yakup değil, İsrail olacak" dedi, "Çünkü Allah ve insanla güreştin ve sen kazandın." Yakup ırmağı geçerken güneş doğdu.

Ailesiyle birlikte yolculuğa devam etti, ama yaralandığı için topallayarak yürüyordu.

(Genesis 32)

İki kardeş barışıyor

Esav'ın yanında dört yüz adam vardı. Yakup onu gördüğünde, hizmetkârlarını çocuklarıyla birlikte en öne, Lea'yı çocuklarıyla birlikte arkaya, Rahel ve Yusuf'u da en arkaya yerleştirdi. Yakup öne geçti ve abisine yaklaşmadan önce yedi kez karşısında yere eğildi. Bunun üzerine Esav koşarak onu karşıladı ve kucaklaştılar. Her ikisi de sevinçle ağladı. Yıllar sonra Esav artık kardeşine kızgın değildi. Yakup artık ailesiyle birlikte memleketine dönmüştü.

(Yaratılış 33)

Yusuf ve kardeşleri

Rahel ve Yakup'un Benyamin adında bir oğulları daha vardı. Rahel doğum sırasında öldüğü için Yakup çok üzüldü. Fakat Yusuf ve Benyamin adında iki oğlu vardı. Kendisine Rahel'i hatırlattıkları için onları çok seviyordu.

Yakup'un toplamda on iki oğlu vardı, fakat en çok Yusuf'u severdi. Yusuf on yedi yaşındayken, Yakup ona çok renkli ve güzel bir giysi verdi. Kardeşleri babalarının en çok onu sevdiğini görünce kıskanıp öfkelendiler. Bir gün Yusuf bir düş gördü ve düşünü kardeşlerine anlattı: "Tarlada demet bağlıyorduk. Ansızın benim demetim kalkıp dikildi. Sizinkilerse çevresine toplanıp önünde eğildiler."

Sonra kardeşleri, "Bizim üzerimizde kral olup egemenlik süreceğini mi düşünüyorsun?" Bu nedenle ondan daha da fazla nefret ettiler. Sonra Yusuf bir düş daha gördü: "Güneş, ay ve on bir yıldız önümde eğildiler." Bu düşü sadece kardeşlerine değil, babasına da anlattı. Yakup, "Gördüğün bu düşün anlamı ne? Benim, annenin ve kardeşlerinin yüzüstü yere kapanıp senin önünde eğileceğimizi mi düşünüyorsun?" diyerek onu azarladı.

Yusuf'un kardeşlerinin kıskançlığı arttı, ama babası Yakup, Yusuf'un gördüğü düşleri unutmadı.

(Yaratılış 35-37)

Yusuf kardeşleri tarafından satılıyor

Bir gün Yusuf, babası ve kardeşi Benyamin'le evde yalnızdı. Diğer kardeşleri babasının sürüsüne bakmak için gitmişlerdi.

Yakup Yusuf'a, "Git kardeşlerine ve sürüye bak, bana da haber getir" dedi. Kardeşleri uzaktan Yusuf'un geldiğini gördüklerinde, "İşte düş hastası geliyor. Hadi onu öldürüp kuyulardan birine atalım. Yabanıl bir hayvan yedi deriz. Bakalım o zaman düşleri ne olacak!" dediler.

Abisi Ruben bunu duyunca, Yusuf'u kurtarmak istedi ve, "Canına kıymayalım, kan dökmeyelim. Sadece kuyuya atın" dedi. Daha sonra

Yusuf'u kurtarmayı düşündüğü için böyle söyledi. Yusuf kardeşlerinin yanına vardığında, güzel, çok renkli giysisini yırttılar ve onu kuyuya attılar. Sonra da yemek yediler. Bu arada, bir grup tüccar gördüler ve Yusuf'u köle olarak satmaya karar verdiler. Yusuf'u tüccarlara verip karşılığında yirmi gümüş aldılar.

Bütün bunlar olurken Ruben orada değildi. Geri geldiğinde ve Yusuf'u serbest bırakmak için kuyuya gittiğinde, Yusuf artık orada değildi. Ruben çok üzüldü ve ne yapacağını bilemedi. Kardeşlerinin yanına gidip, "Çocuk orada yok! Babama ne diyeceğim şimdi?" dedi. Kardeşlerinin bir planı vardı: Sanki yabanıl bir hayvan Yusuf'u öldürüp yemiş gibi görünmesi için, bir tekeyi kesip kanını Yusuf'un giysisine buladılar. Eve döndüklerinde, babalarına kanlı giysiyi gösterdiler. Yakup giysiyi hemen tanıdı ve, "Oğlumun giysisi! Yabanıl bir hayvan onu yemiş olmalı. Oğlum Yusuf'u parçalamış olsa gerek!" diye bağırdı. Yakup sürekli ağladı. Üzüntüsü dayanılmazdı. "Yusuf öldüğüne göre artık mutlu olamam. Artık tek isteğim benim de ölmem!" dedi. Kimse onu teselli edemiyordu.

(Yaratılış 37)

Yusuf Mısır'a varıyor

Bu arada tüccarlar Yusuf'u, uzaklardaki Mısır'a götürdüler. Burada kral Firavun'du ve Yusuf'u Firavun'un görevlisi Potifar'a sattılar. Yusuf Potifar için çok çalıştı. O da kısa bir süre içinde Allah'ın Yusuf'a lütfettiğini anladı. Rab'bin yardımıyla Yusuf üstlendiği her görevde başarılı oldu. Bu nedenle, Potifar her şeyiyle ona güvendi. Yusuf her şeye çok iyi baktı. Yusuf sayesinde Allah Potifar'ı ve ev halkını bereketledi. Yusuf çok yakışıklı olduğu için Potifar'ın karısı ona aşık oldu, ama Yusuf ona ilgi göstermedi. Bu da kadını çok kızdırdı.

Kadın yardım çağırdı: "Çabuk gelin! Yusuf bana zarar vermeye çalışıyor!" Kocasına Yusuf hakkında kötü şeyler söyledi. Hepsi yalandı, ama Potifar eşine güveniyordu ve Yusuf'a kızdı. Böylece Yusuf'u hapse atmaları için buyruk verdi.

Allah hapiste bile Yusuf'a yardım etti. Nöbetçiler kısa bir süre içinde Yusuf'a güvenebileceklerini anladılar. Böylece tutsakların yönetimini ona verdiler. Yine, Yusuf yaptığı her işte başarılı oldu.

(Yaratılış 39)

Yusuf düşleri yorumluyor

Firavun'un fırıncısı ve içecek sorumlusu da Firavun kendilerine kızdığı için hapistelerdi. Bir gün Yusuf ikisinin de üzgün olduğunu gördü ve "Neden bu kadar kaygılısınız?" diye sordu. "İkimiz de tuhaf düşler gördük ve yorumlayacak kimse yok" dediler. Yusuf, "Ancak Rab düşlerin anlamını bilir. Yine de düşlerinizi bana anlatın" dedi.

İçecek sorumlusu ve fırıncıbaşı böylece düşlerini Yusuf'a anlattılar. Birincisi üç dalla bir asma ve olgunlaşmış üzümler görmüştü. Üzümleri Firavun'un kadehine sıktı ve ona sundu. Fırıncıbaşı üç sepet ekmek taşıdığını, ama kuşların gelip üstteki sepetten ekmekleri kaptığını gördü. Yusuf düşlerin ne anlama geldiğini anladı. İçecek sorumlusuna, "Üç gün sonra özgür kalacaksın!"; fırıncıbaşına da, "Üç gün sonra öldürüleceksin!" dedi.

Öyle de oldu: Üç gün sonra içecek sorumlusu serbest bırakıldı, fırıncıbaşı öldürüldü. İçecek sorumlusu, Firavun'un hizmetkarı olarak görevine geri döndü ve Yusuf'a kendisi için Firavun'dan ricada bulunacağına söz verdi. Fakat kısa bir süre sonra sözünü unuttu ve Yusuf hapiste kalmaya devam etti.

(Yaratılış 40)

Yusuf ve Firavun

Firavun iki yıl sonra tuhaf bir düş gördü: Nil Irmağı'nın kenarında dururken, yedi besili ve güzel inek çıktı ve otlamaya başladılar. Sonra başka yedi cılız ve çirkin inek çıktı. Cılız ve çirkin inekler besili ve güzel inekleri yedi. Firavun bu düşün ne anlama geldiğini bilemedi. Ertesi sabah bütün bilgeleri çağırdı. Fakat hiçbiri düşü açıklayamadı. Sonra içecek sorumlusu Yusuf'un düşleri yorumlayabildiğini hatırladı ve Firavun'a, "Ben hapisteyken tuhaf bir düş görmüştüm. Yusuf adında yabancı bir adam vardı ve düşümü yorumladı. Her şey onun söylediği gibi çıktı" dedi.

Firavun hemen Yusuf'u çağırttı. Onu hapisten çıkardılar, düzgün bir şekilde giydirip Firavun'un huzuruna çıkardılar. Firavun, "Bir düş gördüm, ama kimse düşümün ne anlama geldiğini bilemedi. Düşleri yorumlama gücün olduğunu duydum" dedi. Yusuf şöyle cevap verdi: "Bende bu güç yok. Allah'ta var. Düşlerin ne anlama geldiğini bana Allah söylüyor."

Firavun yedi semiz ve yedi cılız inekle ilgili düşünü anlattı ve Yusuf dikkatle dinledi. Sonra Firavun'a şöyle karşılık verdi: "Düşünü Allah gönderdi ve bana düşün ne anlama geldiğini açıkladı. Yedi semiz inek yedi yıl sürecek bolluk demek. Mısır'da insanların yiyebileceğinden çok daha fazla buğday yetişecek. Yedi cılız inek ise yedi yıl sürecek

kıtlık. Yedi yıl boyunca buğday olmayacak. İnsanlar yiyecek bulamayacak ve açlıktan ölecekler. Firavun bilge bir kişiyi bulup onu Mısır valisi olarak atamalı. Vali de, bolluk yıllarında yetişen buğdayın mümkün olduğu kadar büyük bir kısmını depolara koyup gelecek olan yedi yıllık kıtlık için saklamalı. Sonra da açlıktan ölmesinler diye insanlara dağıtılmalı."

Bu öneri Firavun'a iyi göründü ve, "Allah Yusuf'la birlikte. Bu görev için daha iyi birini bulamam" diye düşündü. Böylece Yusuf'a şöyle dedi: "Kimse senden daha akıllı ve bilge değil. Allahın sana ne yapacağını gösteriyor. Bu görevin üstesinden sen gelebilirsin. Yardımcım olacaksın. Mısır'daki herkes senin buyruklarına uyacak." Kral, parmağından bir yüzük çıkarıp Yusuf'un parmağına taktı. Parlak bir giysi giydirdi ve boynuna altın bir kolye taktı. Firavun ona bir de araba verdi ve Yusuf arabasıyla Mısır'ın her yerini dolaştı.

Yedi yıl sürecek olan bolluk dönemi geldi. Bu yıllarda toprak çok ürün verdi. Yusuf büyük depolar yapmalarını ve toplanan buğdayları burada saklamalarını buyurdu. Firavun, Yusuf'a eş olarak Mısırlı bir kız olan Asenat'ı verdi. İki oğlu oldu: Birincisinin adı Manaşşe, ikincisinin adı Efrayim'di. Efrayim doğduktan bir yıl sonra yedi yıl sürecek olan kıtlık başladı. Ürün çok azdı. Bütün ülkelerde insanlar aç kaldı, ama Mısır'da bol yiyecek vardı. Yusuf'un yaptırdığı depolar doluydu ve dünyanın her yerinden insanlar Mısır'a buğday almaya geldiler.

(Yaratılış 41)

Yusuf'un kardeşleri Mısır'a geliyor

Kenan'da da insanlar kıtlıktan ötürü sıkıntı çekiyorlardı. Yakup oğullarına, "Mısır'da bol buğday olduğunu duydum. Oraya gidin ve açlıktan ölmeyelim diye bize buğday alın!" dedi. Sadece en küçükleri, Benyamin babasıyla kaldı.

Yusuf, Mısır'da çok kudretli bir kişi olmuştu; buğday almak isteyen herkesin onun huzuruna çıkması gerekiyordu. Kardeşleri yaklaştığında onları hemen tanıdı, ama kendi kimliğini belli etmedi. Mısırlılar'ın dilinde konuştu ve tercüman onun için tercüme etti. "Nereden geliyorsunuz?" diye sordu. Yusuf'un kardeşleri onu tanımadılar. Şöyle cevap verdiler: "Yiyecek satın almak için Kenan'dan geldik." O zaman Yusuf, "Siz casussunuz! Daha sonra saldırmak için ülkenin zayıf yanlarını öğrenmeye geldiniz!" dedi. "Hayır, hayır efendimiz!" diye bağırdılar, "Biz dürüst insanlarız. On iki kardeşiz. En gencimiz babamızın yanında ve bir kardeşimiz öldü."

Fakat Yusuf kardeşlerini denemek istiyordu. "Söylediğim doğru. Siz casussunuz!" diye bağırdı. Üç gün boyunca onları zindana attı. Üçüncü gün onlara şöyle dedi, "Bir koşulla hayatınızı bağışlarım. Çünkü ben Allah'tan korkan biriyim. Biriniz burada zindanda kalacaksınız ve diğerleriniz gidip küçük kardeşinizi getirecek. Bu şekilde gerçeği söylediğinizi kanıtlamış olacaksınız."

Sonra kardeşler birbirlerine şöyle dediler: "Yusuf'a yaptıklarımızdan ötürü bu ceza başımıza geldi. Bize yalvardığında acısını gördük, ama dinlemedik. Bu nedenle şimdi başımız derde girdi." Ruben şöyle dedi: "Çocuğa zarar vermeyin diye sizi uyarmadım mı? Ama beni dinlemediniz. İşte şimdi de cezanızı çekeceksiniz." Yusuf'un söyledikleri her şeyi anladığının farkında değillerdi. Yusuf odadan çıktı ve ağladı, geri gelip onlarla konuştu. Şimon'u alarak onu bağladı.

Yusuf kardeşlerinin torbalarına buğday konulmasını istedi ve yolculuk için onlara yiyecek verdi. Hizmetkarlara paralarını torbalarına koymalarını buyurdu. Kardeşler eşekleri yükleyip yola çıktılar.

(Yaratılış 42)

Yusuf'un kardeşleri Kenan'a geri dönüyor

Akşamleyin kardeşler konaklamak için durdular. Biri eşeğine yem vermek için geldiğinde torbasını açtı ve parayı gördü. "Param geri konmuş!" dedi kardeşlerine. Çok şaşırdılar ve birbirlerine, "Allah bize ne yaptı?" diye sordular. Kenan'a vardıklarında babaları Yakup'un yanına gidip olan biten her şeyi anlattılar. Sonra da, "Mısır'ı yöneten adam bizimle sert bir şekilde konuştu ve bizi casus

olmakla suçladı. Dürüst insanlar olduğumuza inanmadı. Benyamin'i Mısır'a götürmemizi istiyor. Onunla birlikte Mısır'a gidene kadar Şimon zindanda kalacak. Bize torbalarımızı verdi ve dokuzumuzu geri gönderdi" dediler. Babalarına buğday torbalarını gösterdiler. Açtıklarında bütün paranın geri verildiğini gördüler. Gerçekten korktular ve şöyle dediler: "Şimdi gerçekten de casus olduğumuzu düşünecek!"

Yakup dedi ki: "Beni çocuklarımdan yoksun bırakıyorsunuz. Yusuf öldü. Şimon burada değil. Şimdi de Benyamin'i götürmek istiyorsunuz!" Sonra Ruben babasına şöyle dedi: "Benyamin'in sana geri geleceğine söz veriyorum." Fakat Yakup, "Hayır. Benyamin'in sizinle gelmesine izin vermeyeceğim! Fazlasıyla yaşlandım. Ona bir şey olursa ölürüm!" dedi. Mısır'dan getirilen buğday bittiğinde Yakup yine onlara, "Yine gidin ve bize yiyecek getirin" dedi. O zaman kardeşlerden biri olan Yahuda şöyle cevap verdi: "Mısır'daki adam Benyamin'i getirmezsek yüzümü göremezsiniz diye sıkı sıkıya uyardı. Yakup, "Adama neden bir kardeşiniz daha olduğunu söylediniz?" diye sordu. "Çünkü bizim ve ailemiz hakkında sorular sorup durdu. Babamız yaşıyor mu, başka kardeşimiz var mı diye sordu" diye yanıtladılar, "Kardeşimizi getirmemizi isteyeceğini nereden bilelim?"

O zaman Yahuda babasına söz verdi: "Benyamin'i sana geri getireceğim." Böylece Yakup şöyle dedi: "Bunu yapmamız gerektiği için yapacağız. Mısır'daki bu adama vermek için yanınızda hediyeler götürün: Bal, güzel kokular, fıstıklar ve bademler. Torbalarınızdaki parayı iade etmek için yanınıza iki kat para alın. Belki de bir hata olmuştur. Her Şeye Gücü Yeten Rab'bin size yardım etmesi ve güvenli bir şekilde dönmeniz için dua edeceğim."

(Yaratılış 42-43)

Yusuf kardeşlerini kabul ediyor

Kardeşler yanlarına armağanlar, para ve Benyamin'i alarak Mısır'a doğru yolculuğa çıktılar. Yusuf Benyamin'i getirdiklerini görünce evinin kahyasına, "Bu adamları eve götür, çünkü bugün benim misafirim olacaklar" dedi. Kardeşler Yusuf'un evine götürüldükleri için korktular ve, "Buraya getirilmemizin nedeni torbalarımızda bulunan para. Bizi suçlamak, sonra da bize saldırmak ve eşyalarımızı alıp bizi köle olarak tutsak almak istiyorlar" diye düşündüler.

Yusuf'un kahyasına yaklaşıp, "Aman efendim, buraya yiyecek satın almak için geldik. Geçen sefer, konakladığımız yerde torbalarımızı açınca bu parayı bulduk. Onu size geri getirdik. Yiyecek almak için yanımıza başka para da aldık" dediler. Kahya, "Merak etmeyin, korkmanıza gerek yok. Allahınız, parayı torbalarınıza koydu. Para sizin" dedi. Şimon'u zindandan çıkarıp yanlarına getirdi. Adam onları eve götürdü, ayaklarını yıkamaları için su ve hayvanları için de yem verdi. Yusuf, birlikte öğlen yemeği yemek için yanlarına gelene kadar armağanları düzenlemek için zaman ayırdılar.

Yusuf'u gördüklerinde, armağanları verip karşısında eğildiler. Onlara nasıl olduklarını sordu. Sonra da, "Yaşlı babanız nasıl? Hâlâ yaşıyor mu?" diye sordu. Şöyle cevap verdiler: "Babamız iyi. Yaşıyor." Sonra yine Yusuf'un karşısında eğildiler. Yusuf, annesinin diğer oğlu Benyamin'i görünce, "Bu küçük kardeşiniz mi? Rab seni bereketlesin çocuğum" dedi. Benyamin'i görmek onu çok etkilemişti ve odasına gidip ağladı. Sonra yüzünü yıkadı, odaya döndü ve yemeğin başlamasını emretti. Birlikte yemek yiyip içtiler ve hoşça vakit geçirdiler.

(Yaratılış 43)

Gümüş Kâse

Kardeşler gitmek üzere hazırlık yaparken Yusuf evin kahyasına buyruk verdi: "Bu insanların torbalarını yiyecekle doldur. En küçük olanın torbasına benim gümüş kasemi sakla." Güneş doğduğunda, kardeşler eve doğru yola çıktılar. Kentten ayrıldılar ama çok fazla uzaklaşmadan, Yusuf evin kahyasına, "Arkalarından gidip onları durdur. Gümüş kasemi iste" dedi. Adam onlara yetişti ve, "Efendimin kasesini neden çaldınız?" diye sordu. "Nasıl böyle bir şey yapabiliriz? Torbalarımızda bulduğumuz parayı zaten geri verdik; efendinin evinden gümüş ya da altın çalmayız" diye karşılık verdiler.

Kahya, "Tamam. Torbalarınıza bakacağım. Gümüş kaseyi bulursam, kimin çantasından çıkarsa o kişi köle olacak, diğerleri ise gidebilir" dedi. Kabul ettiler. Torbalarını çıkarıp açtılar. Kahya her birini tek tek aradı ve en küçük olanın torbasını sona bıraktı. Kase Benyamin'in torbasından çıktı. Kardeşler çok üzüldüler. Ne yapabilirlerdi? Yeniden hayvanlarını yükleyip kente geri döndüler. Yusuf'un huzuruna çıkıp karşısında eğildiler. Yusuf, "Nasıl böyle bir şey yapabildiniz? Neler olduğunu anlamayacağımı mı düşündünüz?" diye sordu. Yahuda şöyle dedi: "Lütfen efendim. Beni dinleyin ve öfkelenmeyin. Geçen sefer bize, babanız veya kardeşiniz var mı diye sormuştunuz. En küçüğümüzü yanımızda getirmemizi buyurmuştunuz. Benyamin'i getirme sözü vermek zorunda kalmıştık. Onsuz geri dönersek babamız üzüntüden ölür! Lütfen Benyamin'i bırakın! Onun yerine ben kalayım.

Köleniz olurum. Babama onsuz nasıl gideyim? Onun üzüntüsünü görmektense kendim burada kalmayı yeğlerim." O zaman Yusuf kardeşlerinin artık acımasız olmadıklarını gördü.

(Yaratılış 44)

Yusuf kardeşlerini bağışlıyor

Yusuf artık kendisini tutamıyordu. Kardeşleri dışında herkesi odadan çıkardı. Sonra da yüksek sesle ağladı, "Ben Yusuf'um" dedi. Kardeşleri tek bir söz bile edemedi, donup kalmışlardı.

"Lütfen bana yaklaşın" dedi, "Köle olarak sattığınız kardeşiniz Yusuf benim. Ama korkmayın, artık size kızmıyorum. Rab beni Mısır'a pek çok yaşamı kurtarmam için gönderdi. İki yıl kıtlık oldu, beş yıl daha sürecek. Siz beni incitmek istediniz, ama Allah'ın benim için farklı tasarıları vardı. Beni Mısır'ın yöneticisi, Firavun'un danışmanı ve sarayın yetkilisi yaptı. Şimdi hemen gidin bana babamı getirin. Eşlerinizi ve çocuklarınızı buraya, Mısır'a getirin. Ben size bakacağım."

Yusuf kardeşlerine güzel giysiler verdi ve arabalarını yiyeceklerle doldurdu. Babasına armağanlarla yüklü on eşek gönderdi. Kardeşlerine veda etti ve yolda kavga etmemelerini istedi. Babalarının yanına vardılar ve, "Yusuf hâlâ yaşıyor, Mısır'ın yöneticisi olmuş!" dediler. Olanları babalarına anlattılar ve Yusuf'un gönderdiği armağanları gösterdiler. Yakup çok sevindi ve, "Oğlum Yusuf'un yaşadığını bilmek bana yeter. Ölmeden önce Mısır'a gidip onu göreceğim" dedi. Yakup ve ailesi Mısır'a doğru yolculuğa çıktılar. Sahip oldukları her şeyi yanlarına aldılar.

Yusuf babasının Mısır sınırına geldiğini öğrenince, arabasını aldı ve onu karşılamaya gitti. Yakup Yusuf'u gördüğünde ona sarıldı ve kollarında ağladı. Yakup, "Yaşadığını gördüm ya" dedi, "Artık ölebilirim."

O zaman Yusuf kardeşlerine şöyle dedi, "Firavun'a geldiğinizi söyleyeceğim. Sürüleriyle gelen çobanlar olduğunuzu anlatacağım. Bu şekilde burada kalabileceksiniz." Firavun da Yusuf'un ailesinin Mısır'da yaşamasına izin verdi.

(Yaratılış 45-47)

İsrail halkı Mısır'da sıkıntı çekiyor

Yıllar sonra Yusuf ve kardeşleri öldüler, fakat onların çocukları ve torunlarından bir ulus ortaya çıktı. Bu ulusun adı İsrail'di. İsrailliler'in hepsi Yakup'un soyundan geliyordu. Allah ona İsrail adını vermişti. Çok daha sonraları Yusuf'u ve ailesini tanımayan bir Firavun başa geldi. Bu halkla ilgili şöyle dedi: "İsrailliler'in sayıları fazlasıyla çoğaldı. Yakında sayıları bizden fazla olacak ve bize egemen olacaklar!" Böylece Firavun İsrailliler'i köle olmaya zorladı. Şöyle düşünüyordu: "Bu şekilde onları denetleyebiliriz." İsrailliler harç ve kerpiç yaparak Firavun için büyük kentler kurdular.

Bu da Firavun'a yetmedi. İsrailliler'den doğan her erkek çocuğun ölmesi için Nil Irmağı'na atılmasını istedi. Kızlar yaşayabilirdi. Erkeklerin çoğalıp kendilerine karşı savaş açacağından korktuğu için böyle yaptı.

(Mısır'dan Çıkış 1)

Anne oğlunu kurtarıyor

İsrailliler büyük sıkıntı içindeydi. Anne babalar oğulları olduğunda korkuyorlardı. Harun ve Miryam adlarında bir oğulları ve bir kızları olan İsrailli bir aile vardı. Bir gün bu ailede üçüncü bir çocuk dünyaya geldi. Yakışıklı bir oğlan. Anne çok üzüldü. Çocuğunun öldürülmesini istemediği için onu sakladı. Ama çocuk büyüdüğü için artık saklanması mümkün değildi. Bu nedenle annesi bir sepet aldı, oğlanı sepetin içine koydu ve ırmağın kenarına bıraktı. Miryam'a sepeti izlemesini ve neler olduğunu anlatmasını söyledi.

O gün Firavun'un kızı, hizmetkarlarıyla birlikte yıkanmak için Nil Irmağı'na geldi. Sepeti gördü ve hizmetkarlarından birinden sepeti kendisine getirmesini istedi. Sepeti açtığında içinde ağlayan bir erkek bebek olduğunu gördü, "Bu küçük bir İbrani çocuğu" dedi. Sonra oğlanın ablası Miryam, Firavun'un kızının yanına gelip, "Bu bebeği emzirebilecek bir İbrani kadın tanıyorum. Onu getireyim mi?" diye sordu. Firavun'un kızı, "Olur" dedi. Böylece kız gidip bebeğin annesini getirdi. "Bu bebeği al" dedi Firavun'un kızı, "Benim için emzir, ücretin neyse veririm." Annesi çocuğu eve götürdü. Çocuk büyüdüğünde, Firavun'un kızına geri götürdü. Firavun'un kızı çocuğu evlat edindi ve adını Musa koydu.

(Mısır'dan Çıkış 2)

Musa'nın kaçması gerekiyor

Musa sarayda yetişti. Bir gün halkı İsrailliler'i görmeye gitti. Köle olarak çok çalışmaya zorlanıyorlardı. Mısırlı birinin bir İsrailli'yi kırbaçladığını gördüğünde, kimsenin bakmadığı bir sırada Mısırlı'yı öldürdü ve cesedini kuma gizledi. Öldürüleceğinden korkarak Mısır'dan ayrıldı ve Midyan'a kaçtı. Orada bir kâhin olan Yitro ile kaldı. Yitro'nun Sippora adında bir kızı vardı. Musa onunla evlendi. Yitro için çobanlık yaptı ve Midyan'da uzun bir süre kaldı. Bu sırada Firavun öldü, fakat İsrailliler hâlâ köleydi. Yardım etmesi için Allah'a yakardılar ve Allah dualarını işitti.

(Mısır'dan Çıkış 2-3)

Allah Musa'yı çağırıyor

Bir gün Musa sürüsüyle birlikte Horev Dağı'na vardı. Burada Rab ona yanan bir çalı olarak göründü. Musa çalının yandığı halde tükenmediğini fark etti. Şöyle düşündü: "Bu garip şeye bir bakayım. Çalı neden tükenmiyor?" Allah Musa'nın yaklaştığını görünce çalıdan, "Musa, Musa " diye seslendi. Musa, "Evet" diye karşılık verdi. "Fazla yaklaşma" dedi Allah, "Çarıklarını çıkar, çünkü bastığın yer kutsal topraktır. Ben, atalarının Allahı'yım, İbrahim'in, İshak'ın ve Yakup'un Allahı'yım." Sonra Musa yüzüstü yere kapandı, çünkü Allah'a bakmaya korkuyordu.

Allah şöyle devam etti: "Halkımın Mısır'da çektiği sıkıntıyı gördüm, feryatlarını duydum. Neler yaşadıklarını biliyorum. Bu yüzden geldim; onları Mısırlılar'ın elinden kurtarmak, o ülkeden çıkarıp geniş ve verimli topraklara götürmek için geldim. Firavun'a gidip halkımı bırakmasını söyle." Musa Allah'a şöyle dedi, "Ben kimim ki Firavun'a gidip İsrailliler'i Mısır'dan çıkarmasını söyleyeyim?" O zaman Allah ona söz verdi: "Ben seninle olacağım ve sana yardım edeceğim." Fakat Musa şöyle dedi: "Tamam, İsrailliler'e gidip atalarının Allahı'nın beni onlara gönderdiğini söyleyeceğim. Ama bana Senin adını soracaklar. Onlara isminin ne olduğunu söyleyeyim?" O zaman Allah Musa'ya şöyle dedi: "Ben Ben'im. İsrailliler'e de ki, 'Beni size Ben Ben'im diyen gönderdi.' "

Sonra Rab Musa'ya şöyle dedi: "Elindeki değneği yere at." Musa değneği yere atınca, değnek yılana dönüştü. Musa korktu ve kaçmaya çalıştı. Fakat Allah ona, "Kuyruğundan yakala!" dedi. Musa elini uzatıp kuyruğundan tutunca yılan yeniden değneğe dönüştü. Sonra Allah Musa'ya, "Bu mucizeyi İsrailliler'e göster ki, sana inansınlar" dedi. Musa yine de çekiniyordu ve Allah'a şöyle dedi: "Ben hiçbir zaman iyi bir konuşmacı olmadım. Konuşmam ağır ve tutuk. Kimse beni dinlemez." Allah ona şöyle cevap verdi: "Ağabeyin Harun sana yardımcı olacak. Biliyorum, o iyi konuşur. Sizinle olacağım, ne yapacağınızı ve ne söyleyeceğinizi göstereceğim."

(Mısır'dan Çıkış 3-4)

Musa Mısır'a geri dönüyor

Musa Allah'ın söylediğini yaptı. Ailesini alıp Mısır'a gitti. Orada ağabeyi Harun'la buluştu. Musa Harun'a, Allah'ın kendisinden İsrailliler'i Mısır'dan çıkarmasını istediğini söyledi. Harun kardeşini dikkatli bir şekilde dinledi ve onu İsrail'in ileri gelenlerine götürdü. Harun herkese Rab'bin Musa'yla konuştuğunu anlattı. Allah'ın İsrailliler'e Musa aracılığıyla yardım etmeye hazır olduğuna inandıkları için karşısında eğildiler.

(Mısır'dan Çıkış 4)

Musa ve Harun Firavun'a gidiyorlar

Sonra, Musa'yla Harun Firavun'a gittiler ve ona şöyle dediler: "İsrail'in Allahı Rab diyor ki, 'Halkımı bırak gitsin.'" Firavun, "Rab kim oluyor ki, O'nun sözünü dinleyeyim?" diye karşılık verdi. Bunu söyleyerek Musa'yla Harun'u saraydan kovdu. Firavun çok kızmıştı ve İsrailliler'in cezalandırılması buyruğunu verdi. Musa İsrail halkının daha da fazla sıkıntı çektiğini görünce, Allah'a dua etti ve şöyle dedi: "Beni buraya neden gönderdin? Firavun'a gelip Senin adına konuştuğumdan beri halkına zulmediyor ve Sen de onları kurtarmak için bir şey yapmıyorsun."

O zaman Allah Musa'ya şöyle dedi: "Şimdi Firavun'a yapacaklarımı göreceksin: Gücümle sizi bırakmasını sağlayacağım. Tekrar Firavun'a git. Seninle birlikte olacağım." Musa'yla Harun ikinci kez saraya gittiler. Firavun onlara meydan okudu: "Allah'ın sizi gönderdiğini kanıtlayın. Mucize yapın!" Sonra Harun değneğini yere attı ve değnek yılan oldu. Firavun kendi bilgelerini ve büyücülerini çağırdı. Hepsi değneklerini yere attı ve hepsinin değneği yılana dönüştü. Fakat Harun'un değneği büyücülerin değneğini yedi. Ne var ki, Firavun bundan etkilenmedi ve Rab'bin söylediklerine kulak vermedi.

(Mısır'dan Çıkış 5-7)

Allah Mısır'a felaketler gönderiyor

Ertesi sabah Allah Musa'yla Harun'u Nil Irmağı'na gönderdi. Firavun da aynı yere geldi. Hepsinin gözleri önünde Harun değneğini havaya kaldırdı ve Nil'in sularına vurdu. O anda su kana dönüştü. Balıklar öldü, ırmak kötü koktu ve Mısırlılar ırmaktan içme suyu alamadılar. Firavun'un büyücüleri de aynı şeyi yaptılar. Bu nedenle Firavun etkilenmedi ve Musa'yla Harun'u dinlemeyi reddetti. Yedi gün sonra Musa'yla Harun Firavun'un yanına gittiler. Musa şöyle dedi: "İsrail halkını salıvermezsen, topraklarını kaplamaları için çok sayıda kurbağa göndereceğim." Fakat Firavun dinlemedi. Musa da Harun'a, "Değneğini ırmaklara ve göllere uzat, Mısır kurbağalarla dolup taşsın" dedi.

Harun bunu yapınca o kadar çok kurbağa çıktı ki, ülkenin tümü kurbağalarla kaplandı: Evler, yataklar, hatta fırınlar. Firavun Musa'yla Harun'u çağırdı ve, "Allahınız'dan kurbağaları Mısır'dan uzaklaştırmasını isteyin, ben de İsrailliler'i salıvereceğim" dedi.

Musa Allah'a dua etti ve kurbağalar ölüp yok oldular. Fakat Firavun ülkenin kurbağalardan temizlendiğini görünce, İsrail halkını salıverme sözünü tutmadı.

Musa'yla Harun yine Firavun'a gidip onu uyardılar: "Bizi dinlemedin, Allah da yeni belalar gönderecek." Ne var ki, Firavun umursamadı. Allah ne zaman Mısır'a bir bela gönderse, İsrailliler'i salıvereceğine söz verdi, ama bela geçer geçmez sözünü tutmayı reddetti.

(Mısır'dan Çıkış 7-8)

Allah en kötü belayı gönderiyor

Allah yeni belalar göndermeye devam etti. Ürünleri mahveden dolu yağdırdı. Buğday ve meyvelerin hepsini yiyen çekirgeler gönderdi. O kadar koyu bir karanlık gönderdi ki, üç gün boyunca insanlar birbirlerini göremediler. Üçüncü gün Firavun Musa'yı çağırdı ve, "Gidebilirsiniz, ama sürüleriniz ve hayvanlarınız burada kalmalı" dedi. O zaman Musa, "Geride hiçbir şey bırakmayacağız. Hayvanlarımızı da yanımızda götüreceğiz" dedi.

Firavun o kadar öfkelendi ki, Musa'ya, "Git başımdan! Sakın bir daha karşıma çıkma!" dedi. Fakat Musa şöyle cevap verdi: "Halkımın gitmesine izin vermezsen, çok kötü şeyler olacak. Allah seni ve bütün Mısırlılar'ı cezalandıracak: Mısır'da her ailenin ilk doğan oğlu ölecek. Seninki bile!" Fakat Firavun fikrini değiştirmeyi reddetti. Musa saraydan öfkeli bir şekilde ayrıldı. Halka gidip şöyle dedi: "Size söylediklerimi yaparsanız Allah sizi koruyacak. Evinize gidip birer kuzu kesin. Sonra kanından biraz alıp kapı sövelerinize sürün. Bu kan, sizi kötülükten koruyacak bir işaret olacak. Eti pişirip mayasız ekmekle ve acı otlarla yiyeceksiniz."

Musa'nın söyledikleri gerçekleşti: O gece, Firavun'un oğlu da dahil olmak üzere, Mısır'daki bütün ilk doğan erkek çocuklar öldü. Fakat İsrailliler'in çocukları esirgendi.

O zaman Firavun Musa'yla Harun'u çağırdı ve şöyle dedi: "Gidin buradan! Koyunlarınızı ve bütün hayvanlarınızı alın, hemen Mısır'dan gidin." İsrailliler hemen her şeylerini toplayıp Mısır'dan ayrıldılar.

(Mısır'dan Çıkış 10-12)

İsrailliler Mısır'dan ayrılıyor

İsrailliler hep birlikte Mısır'dan ayrılırken binlerce insandan oluşan uzun bir sıra oluştu. Çölden Kızıldeniz'e doğru, koyunları, keçileri ve büyükbaş hayvanlarıyla birlikte yol alırken Allah halkına eşlik etti. Gündüzleri yol göstermek için bir bulut önlerinden gidiyor, geceleri ise ateşten bir sütun yollarını aydınlatıyordu. Bu şekilde durmadan yürüyebiliyorlardı. Ancak Kızıldeniz'e ulaştıklarında İsrailliler çadır kurup konakladılar.

Artık Mısır'da İsrailli köle kalmamıştı ve Firavun gitmelerine izin verdiğine pişman olmuştu. Bu nedenle görevlilerine şöyle dedi: "Kabul etmemeliydim! Ağır işleri şimdi kim yapacak!" Firavun onları geri dönmeye zorlamaya karar verdi. Savaş arabalarını ve askerlerini alıp İsrailliler'in peşine düştü.

(Mısır'dan Çıkış 13-14)

İsrailliler Kızıldeniz'i geçiyor

İsrail halkı uzaktan büyük bir toz bulutu gördü. Firavun ve askerleri peşlerinden geliyordu. Korktular ve Musa'ya söylenmeye başladılar: "Ne yaptın? Bizi Mısır'dan niçin çıkardın? Şimdi çölde öleceğiz." Fakat Musa halka şöyle dedi: "Korkmayın! Rab bizim adımıza savaşacak." Elini deniz üzerine uzattı, Allah güçlü bir rüzgar gönderdi. Rüzgar o kadar güçlüydü ki, sular ayrıldı ve denizin tabanı göründü. Sular ikiye bölünüp iki yanda duvar oluşturdu. Böylece İsrailliler kolayca karşıya yürüyebildiler.

Firavun ve askerleri olanları görünce, aynı yoldan onların peşlerinden gittiler. İsrailliler'in hepsi geçtikten sonra Musa elini denizin üzerine uzattı ve su yeniden eski haline dönerek Mısırlılar'ın hepsinin boğulmasına neden oldu.

İsrailliler böylece kurtarıldılar. Herkes bu ilahiyi söyleyerek Allah'ı yüceltti:

"Ezgiler sunacağım Rab'be,

Çünkü büyük bir zafer kazandı;

Atları da, atlıları da denize döktü.

Rab, kuvvetli savunucumdur,

Beni kurtaran O'dur.

Allahım'dır, O'nu öveceğim,

Babamın Allahı,

Yüceliğini ezgilerle öveceğim.

...Sen, Rab, sonsuzlara dek kralsın."

Sonra Musa'nın kızkardeşi Miryam, bir tef alıp Allah'ı övmeye başladı. Diğer bütün kadınlar da katıldılar, çünkü Rab onları Mısır'dan çıkarıp kurtarmıştı.

(Mısır'dan Çıkış 14-15)

Allah halkının ihtiyaçlarını sağlıyor

İsrailliler çöl boyunca yolculuklarına devam ettiler. Birkaç hafta sonra, tüm yiyeceklerini tükettiler. Halk yakınmaya başladı: "Mısır'da kalmalıydık! Orada bol et ve ekmek vardı. Burada, çölde açlıktan öleceğiz!" O zaman Rab Musa'yla konuştu ve şöyle dedi: "İsrailliler'in söylendiklerini duydum. Onlara söyle, akşamları et yiyecekler ve sabahları da ekmekle doyacaklar. Bu şekilde Allahları Rab olduğumu anlayacaklar."

O gece büyük bir bıldırcın sürüsü ordugahın üzerini kapladı. İsrailliler bıldırcınları kolayca yakalayıp pişirdiler ve yediler. Ertesi sabah uyandıklarında, etrafı kırağıya benzeyen ince ve pul gibi bir şey kaplamıştı.

Hepsi, "Bu nedir?" diye sordular. Musa, "Bu, Rab'bin sizin için sağladığı ekmektir" dedi, "Bir günlük ihtiyacınız kadar toplamanızı buyurdu. Kimse ertesi gün için saklamasın, çünkü sabahleyin yine toplanabilecek."

İsrailliler bu yeni yiyeceğe 'Man' adını verdi. Her biri o gün ihtiyaç duyduğu kadar topladı. Bazı kişiler Musa'yı dinlemeyip ertesi gün için de sakladılar, fakat ertesi gün kurtlandığını ve kötü koktuğunu gördüler. Zaten saklamaları gerekmiyordu, çünkü her sabah yerde yeni man vardı. Beyazdı ve bal gibi tatlıydı.

(Mısır'dan Çıkış 16)

Kayadan çıkan su

İsrailliler çöldeki yolculuklarına devam ettiler ve kısa bir süre sonra hiç suyun olmadığı bir yere geldiler. Musa'ya söylenmeye başladılar. "Bize içecek su ver" diye çıkıştılar. Sonra Musa Rab'be yalvardı, O da cevap verdi: "Değneğinle halkın önünden yürü ve yanına İsrail'in birkaç ileri gelenini al. Horev Dağı'nda bir kayanın üzerinde, senin önünde olacağım. Değneğinle kayaya vur, halkın içmesi için su akacak." Böylece İsrailliler, Allah'ın gücüne inanmadıkları halde, içecek suya kavuştular.

(Mısır'dan Çıkış 17; Çölde Sayım 20)

Musa Sina Dağı'na çıkıyor

Haftalar sonra İsrailliler Sina Dağı'na vardılar ve dağın karşısında konakladılar. Musa Allah'la buluşmak için dağa çıktı. Allah ona şöyle dedi: "Sizi Mısır'dan çıkardım. Çölde size baktım, sizi korudum. Allahınız olmak ve sizin de benim halkım olmanızı istiyorum. Eğer benim sözlerimi duymak ve bunlara göre yaşamak isterseniz, o zaman benim halkım olursunuz. İsrail halkına böyle söyle."

Böylece Musa, İsrailliler'in konakladıkları yere geri döndü. Onları biraraya toplayıp Allah'ın söylediklerini tekrarladı. Sonra halk söz verdi, "Allah'ın söylediklerini yapacağız" dedi. O zaman Allah Musa'ya şöyle dedi: "Sana koyu bir bulut içinde yaklaşacağım. Böylece halk seninle konuştuğumda Beni duyar ve sana her zaman güvenir."

Üç gün sonra gök gürledi ve şimşekler çaktı. Dağın tepesinde koyu bir bulut vardı. Buluttan, boru sesine benzer bir ses duyuldu, duman ve ateş çıktı. Herkes çok korktu. Musa halka, "Dağın tepesine çıkacağım. Rab benimle konuşmak istiyor. Ben geri gelene kadar burada beni bekleyin" dedi. Musa dağa çıktı, Yeşu'nun da kendisiyle gelmesine izin verdi. Dağın tepesine vardıklarında Yeşu arkada kaldı. Musa doğrudan bulutun içine girdi ve yukarı doğru devam etti. Kırk gün, kırk gece orada kaldı.

(Mısır'dan Çıkış 19 -20, 24)

On Buyruk

Dağın tepesinde Allah Musa'yla konuştu ve ona On Buyruk'u verdi. Buyrukları iki taş levhaya kazımıştı:

Ben sizi Mısır'dan çıkaran Allahınız Rab'bim. Benden başka tanrılarınız olmayacak.

Kendinize başka tanrıların putlarını yapmayacaksınız. Putların önünde eğilip tapınmayacaksınız.

Adımı kötü amaçlar için kullanmayacaksınız.

Haftanın yedinci gününü Şabat sayacaksınız, işinizden dinleneceksiniz. O gün, Allah'a ait kutsal bir gündür.

Babanıza ve annenize saygı gösterin.

Adam öldürmeyin.

Zina etmeyin.

Hrsızlık yapmayın.

Kimseyi yalan yere suçlamayın.

Komşunuzun evine, eşine, hayvanlarına veya kendisine ait hiçbir şeye göz dikmeyin.

(Mısır'dan Çıkış 20)

Altın buzağı

Halk Musa'nın geri dönmesini bekledi. Aradan birçok gün geçti, ama Musa dağdan inmedi. Sonunda İsrailliler Musa'nın bir daha dönmeyeceğine inanmaya başladılar. Bu nedenle Harun'a gidip, "Musa'ya ne olduğunu bilmiyoruz. Hiç geri dönmeyebilir. O zaman bize kim önderlik edecek? Bizi çölden çıkaracak yeni bir tanrıya ihtiyacımız var! Bize, gözlerimizle görebileceğimiz yeni bir tanrı yap!" dediler.

Harun onlara şöyle karşılık verdi: "Bana bütün altın mücevherlerinizi verin; bilezikleriniz, yüzükleriniz ve küpeleriniz." Verdikleri her şeyi aldı, eritip buzağı biçiminde altın bir heykel yaptı. Halk buzağının karşısında eğilip şöyle bağırdı: "İşte bizi Mısır'dan çıkaran tanrı!" İsrailliler, yeni tanrılarının onuruna bir şölen düzenlediler. Yiyip içtiler ve altın buzağı etrafında dans ettiler.

Bu sırada, Musa dağdan aşağı inmeye başladı. Kollarında On Buyruk'un taş levhalarını taşıyordu. Kendisini bekleyen Yeşu'nun yanına vardığında kamptan gelen sesleri ve gürültüyü işittiler. Yeşu, "Belki de savaş çıkmıştır" dedi. Musa şöyle karşılık verdi: "Hayır, bu savaş sesi değil, kutlama sesi." Kampa vardıklarında, Musa altın buzağıyı ve halkın buzağının önünde eğildiğini gördü. O kadar öfkelendi ki, elindeki taş levhaları fırlatıp attı. Kaya üzerinde parçalandılar. Sonra altın buzağıyı aldı ve ateşe attı.

Harun'a, "Halkın yaptığına bak? Onları nasıl böylesine büyük bir günaha soktun?" dedi. Harun, "Öfkelenme! Bu halkın ne kadar zor olabileceğini sen de biliyorsun. Kimse sana ne olduğunu bilmiyordu ve kendilerini yönetecek yeni bir tanrı aradılar" diye karşılık verdi.

(Mısır'dan Çıkış 32)

Musa yeniden Allah'la konuşuyor

Ertesi gün Musa halka şöyle dedi: "Çok büyük bir günah işlediniz. Allah'ın yanına gidip bağışlanmanız için dua edeceğim." Musa Allah'la konuşmak üzere bir kez daha dağa çıktı. Yine kırk gün kırk gece kaldı. Allah İsrail'i günahlarından ötürü affetti ve Musa'ya üzerinde On Buyruk'un kazılı olduğu iki yeni taş levha verdi.

Musa, kollarında iki taş levhayı taşıyarak dağdan indi. Allah'la konuşmaya başladığında yüzünün parladığından haberi yoktu. Kampa geri döndüğünde, İsrailliler parlayan yüzünü görüp korktular. Yakına gelmelerini istedi ve Rab'bin onlara verdiği buyrukların hepsini onlara duyurdu. Sonra yüzünün parlaması görünmesin diye yüzünü örttü. Ne zaman Allah'la konuşsa ve halka Allah'ın söylediklerini aktarsa, parladığını görmeleri için yüzünü açtı.

Rab'bin Musa'ya verdiği en önemli buyruklar şunlardı: "Rab ve ancak Rab, Allahımız'dır. Allahınız olan Rab'bi bütün yüreğinizle, bütün aklınızla, bütün canınızla ve bütün gücünüzle sevin" ve, "Komşunuzu kendiniz gibi sevin."

(Mısır'dan Çıkış 33-34; Yasanın Tekrarı 6; Levililer 19)

Buluşma Çadırı ve Antlaşma Sandığı

Allah Musa'dan, halktan armağanlar toplamasını ve bunlarla Rab'bin aralarında yaşayacağı bir çadır yapılmasını istedi. Bu çadıra, 'Buluşma Çadırı' adı verildi. Allah, konutun nasıl yapılması ve içine ne konması gerektiğini ayrıntılı bir şekilde açıkladı. Konutun içinde, taş levhalara yazılmış On Buyruk bir sandığa konacaktı. Bu sandığa da Antlaşma Sandığı adı verildi. Bir de, üzerinde ekmek sunulan bir masanın yapılması ve üzerinde altın bir şamdan olması gerekliydi. Son olarak, konutun dışında bir sunak yapacaklardı. Erkekler de kadınlar da, konut için armağanlar verdiler. Herkes sahip olduğunun bir kısmını verdi: Altın bilezikler, gümüş zincirler, çeşitli renklerde değerli taşlar, çeşitli renklere boyanmış yün, değerli kilimler ve perdeler, yumuşak deri ve hayvan derileri, lambalar için yağlar...

Musa iki becerikli usta buldu ve her şeyin nasıl olması gerektiğini tam olarak açıkladı. Bu ustalar diğerlerine Buluşma Çadırı'nı ve Antlaşma Sandığı'nı nasıl yapacaklarını gösterdiler. Herkes yardım etti. Konutun içine yünden çok güzel halılar ve perdeler yaptılar. Dış duvarlar için hayvan derileri kullanıldı. Ustalar sandığı akasya ağacından yaptılar ve her iki tarafını altınla kapladılar. Kapağın üzerine iki altın melek koydular. Her şey tam olarak Rab'bin söylediği gibi yapıldı.

Her şey hazır olduğunda, çadır kurulmuştu. Musa üzerinde On Buyruk'un yazılı olduğu taş levhaları sandığa koydu. Sonra da sandığı çadırın içine getirdi. Dışarı çıktığında bir bulut çadırın üzerini örttü ve Rab'bin parlık ışığı onu doldurdu. Böylece İsrailliler çadırı izleyerek ne yapmaları gerektiğini anlayabildiler. Bulutun çadırın çevresini sardığı günlerde yolculuk etmediler. Bulut görünmediğinde ise yolculuklarına devam ettiler. Bu şekilde, Allah halkına vaat edilen topraklara kadar eşlik etti.

(Mısır'dan Çıkış 25, 35-40)

Harun ve oğulları kâhin oluyor

Bir gün Musa herkesi çadırın önünde topladı ve şöyle dedi: "Harun ve oğulları kâhinleriniz olacaklar. Tapınmayı düzenlemekten onlar sorumlu olacak. Size ve çocuklarınıza, bizlere Allah tarafından verilmiş buyruklarla ilgili her şeyi öğretecekler."

Harun ve oğulları, Allah'a hizmet etmek için temiz olmak amacıyla yıkandılar. Sonra Musa onlara giymeleri için özel kâhin giysileri verdi.

Musa, Harun ve oğullarına şöyle dedi: "Tapınma sırasında İsrail'i bereketlerken şöyle diyeceksiniz:

'Rab sizi kutsasın ve korusun!

Rab size yüzünü parlatsın ve lütfetsin!

Rab size iyilik etsin ve esenlik versin.' "

(Levililer 8; Çölde Sayım 6)

Musa Kenan yakınlarında

İsrail halkı Paran Çölü'ne ulaştı ve orada konakladı. Allah Musa'ya şöyle dedi: "Halkı Kenan ülkesine gönder. Ülkeyi ve halkı araştırmak ve orada yetişen bazı meyveleri getirmek için on iki cesur adam seç." Adamlar kırk gün sonra döndüler. İncir ve bir asma üzüm getirdiler. Asma o kadar büyüktü ki, iki adam birlikte ancak taşıyabildi.

Adamlar halka gördükleri her şeyi anlattılar: "Gerçekten de çok güzel bir ülke. Bol süt ve bal var. İşte bakın meyveleri ne kadar güzel! Ama orada yaşayan insanlar çok güçlüler. Kentler büyük ve surlu. Adamlar da devler kadar büyük. Onları gördüğümüzde kendimizi çekirge gibi hissettik."

(Çölde Sayım 13)

Çölde kırk yıl

İsrail halkı bunu duyduğunda korktu ve tüm gece boyunca kaygılandı. Sabah olunca Musa'ya gidip şöyle dediler: "Rab neden bizi bu ülkeye getirdi? Hepimiz burada öleceğiz!" Şöyle dediler: "Haydi, kendimize bir lider atayalım ve Mısır'a dönelim." Artık Musa ve Harun'a itaat etmek istemiyorlardı.

O zaman Musa Allah'a yardım etmesi için dua etti. Allah şöyle dedi: "Bu halk daha ne kadar beni hor görüp benimle ilgili söylenecek? Onları Kenan ülkesine götüreceğime hâlâ inanmıyorlar. Yakınan hiç kimse vaat edilen topraklara gitmeyecek. Bana güvenmedikleri için halk çölde kırk yıl dolaşacak."

Musa Allah'ın söylediklerini onlara anlattığında çok üzüldüler ve söylendikleri için büyük pişmanlık duydular. Fakat Allah'ın karar verdiği şey gerçekleşti: İsrail halkı kırk yıl boyunca çölde dolaştı.

(Çölde Sayım 14)

İyileştiren yılan

İsrail halkı çölde gezip durdu. Bir kere daha sabırsızlık gösterdiler ve Musa'ya Allah'ı şikayet ettiler. "Neden bizi Mısır'dan çıkardın?" dediler, "Çölde ölelim diye mi? Burada ne ekmek var ne de su. Bu sıkıcı mandan da sıkıldık artık!" O zaman Rab, ceza olarak onları ısıran birçok zehrli yılan gönderdi ve birçok kişi öldü. İsrailliler Musa'ya gidip şöyle dediler: "Allah'a ve sana karşı söylenerek günah işledik. Lütfen yılanları kaldırması için Rab'be yalvar."

Musa halk adına Rab'be yalvardı ve Rab ona şöyle dedi: "Tunç bir yılan yap ve bir direğin başına koy. Yılan tarafından ısırılmış olanlara hemen bu yılana bakmalarını söyle." Musa Rab'bin söylediği gibi yaptı ve bu şekilde yılan tarafından ısırılan herkes iyileşti.

(Çölde Sayım 21)

Musa ölüyor

Musa halka şöyle dedi: "Artık çok yaşlandım, yakında öleceğim. Fakat Allah size yeni bir önder veriyor; Nun oğlu Yeşu. Korkmayın. Rab sizi asla bırakmaz!" Musa şöyle devam etti: "Rab hakkında size söylediklerimi her zaman hatırlayın. Her zaman O'nun buyruklarına göre yaşamalı ve bunları çocuklarınıza öğretmelisiniz. Rab'be itaat etmeniz gerektiğini unutmayın!" Sonra halkı kutsadı ve Nevo Dağı'na çıktı. Oradan vadideki ülkeye baktı. Rab ona şöyle dedi: "Bu topraklar, İbrahim, İshak ve Yakup'a ant ederek söz verdiğim topraklar. Görmene izin veriyorum ama sen oraya girmeyeceksin."

Allah'ın hizmetkârı Musa böylece Moav ülkesinde hayatını kaybetti. O zamandan beri İsrail'de Musa gibi bir peygamber hiç olmadı. Rab'bi yüz yüze gören tek kişi oydu ve daha sonra da tarihte Musa kadar büyük mucizeler ve harika işler yapan başka bir peygamber olmadı.

Allah Yeşu'ya şöyle dedi: "Hizmetkârım

Musa öldü. Sen ve halk, size vaat ettiğim topraklara girmeye hazırlanmalısınız. Halkı nereye yönlendireceğini göstereceğim. Korkma ve çekinme: Allahın Rab olan ben, gittiğin her yerde seninle olacağım!"

Yeşu herkese duyurdu: "Artık Allah'ın bize vaat ettiği ülkeye gireceğiz. Kendinizi hazırlayın!" Halk, Yeşu'nun kendilerine söylediği gibi yaptı. İsrailliler, uzun bir yolculuktan sonra, sonunda vaat edilen topraklara girdiler. Allah da onları düşmanlarından korudu.

(Yasanın Tekrarı 31-34; Yeşu 1)

Eriha'nın duvarları yıkılıyor

Yeşu halkı Ürdün Irmağı'ndan geçirdi ve Eriha Kenti'ne doğru yol aldılar. Kent surlarına ulaştıklarında, Eriha halkı İsrailliler'in içeri girmesine izin vermek istemedikleri için kapılar kilitlenmişti.

O zaman Allah Yeşu'ya şöyle dedi: "Sen ve silahlı tüm adamlar, kentin çevresinde her gün bir kere yürüyeceksiniz. Bunu altı gün boyunca tekrarlayacaksınız. Antlaşma Sandığını yanınıza alın! Sandığın önünden yedi kâhin yürüyecek ve yedi boru çalacak. Yedinci gün surların çevresinde yedi kez dolaşacaksınız. Bu sırada kâhinler boru çalacaklar. Uzun bir boru sesi duyduğunuzda, o zaman bütün gücünüzle bağıracaksınız ve duvarlar yıkılacak. Bu şekilde kenti fethedeceksiniz."

Yeşu, Allah'ın kendisine söylediği gibi yaptı. Altı gün boyunca günde bir kez, kentin çevresinde yürüdüler. Yedinci gün, şafak vakti kalktılar ve kentin çevresinde yedi kez dolaştılar. Yedinci seferde, sıra kâhinlerin boru çalmasına geldiğinde, Yeşu halka şöyle dedi: "Şimdi bütün gücünüzle bağırın!" Duvarlar, bu güçlü sesle yıkıldı ve halk hemen kenti ele geçirdi.

İsrailliler ardarda başka kentleri de fethettiler. Kısa bir süre sonra Kenan'a tümüyle egemen oldular. Artık yolculukları sona ermişti.

(Yeşu 6)

Vaat Edilen Topraklar

İsrailliler Allah'ın kendilerine vaat ettiği ülkede yaşadılar. İbrahim'in torunu olan Yakup'un on iki oğlundan on iki oymak çıktı. Yeşu ülkeyi onların arasında bölüştürdü ve her oymak kendi bölgesine sahip oldu.

Yeşu yaşlandığında, İsrail'in bütün oymaklarını Şekem Kenti'nde biraraya topladılar. Yeşu yakında öleceğini bildiği için halka şöyle dedi: "Allahınız size içinde yaşamanız için bir ülke verdi. Artık Allahınız'a saygı duymalı ve O'na samimiyetle ve sevgiyle tapınmalısınız. Allahınız, atalarınızın tapındıkları gibi başka tanrılara tapınmanızı istemiyor. Buna bugün karar vermeniz gerekiyor: Rabbiniz Allah'a sadık kalıp O'na tapınacak mısınız? Yoksa, başka tanrılara tapınmayı mı seçiyorsunuz?" Halk şöyle karşılık verdi: "Rab'be tapınmak istiyoruz!"

Yeşu, büyük bir taş aldı ve büyük bir ağacın altına koyup halka şöyle dedi: "İşte bu taş sizin tanığınız olacak. Gördüğünüz zaman, Allah'a sadık olmaya söz verdiğinizi hatırlayacaksınız!" Yeşu, bundan sonra öldü.

(Yeşu 24)

Hâkimler

İsrailliler kendi topraklarına yerleştiler. Halk topraklarda buğday yetiştirerek çiftçilik, koyun ve keçi yetiştirerek çobanlık yaptı. Fakat aradan yıllar geçtikçe sözlerini unutup komşu ülkelerden insanların tapındıkları diğer tanrılara tapınmaya başladılar. Böylece Allah onları bıraktı ve artık düşman saldırılarına karşı korumadı. Allah halkına acıdığı için, arada sırada onlara farklı zamanlarda İsrailliler'i düşmanlarından kurtaran becerikli önderler verdi. Bu önderlere 'hâkimler' adı verildi. Hâkim yaşadığı süre boyunca, adaletten sorumluydu ve halkın Rab'bin buyruklarına uymasını sağladı. Fakat ne zaman bir hâkim ölse, İsrail yeniden imanını kaybetti ve Allah'tan uzaklaştı.

(Hâkimler 2)

Debora

İsrail'in hakimleri arasında Debora adında bir kadın vardı. O zamanlar Kenan'ın kralı Yavin idi ve ordusunun komutanının adı Sisera'ydı. Dokuz yüz demir savaş arabası vardı. Yirmi yıl boyunca İsrailliler'i baskı altında tuttu.

O zaman Debora yiğit bir savaşçı olan Barak'ı çağırdı ve ona şöyle dedi: "İsrail'in Allahı Rab şöyle buyuruyor: Yanına on bin adam al ve Tavor Dağı'na git; orada savaş arabaları ve piyadeleriyle Sisera sana saldıracak, ama sen kazanacaksın." Barak yalnız gitmekten korktuğu için Debora'dan kendisiyle birlikte gelmesini istedi. Böylece Debora bir sonraki savaşta onunla gitti. Allah, Sisera ve ordusunun kafasını karıştırdı ve yenilgiye uğradılar.

Zafer gününde Debora ve Barak bu ezgiyi söylediler:

> Seni övüyoruz, ey Rab!
>
> Askerlerimiz seni izlemeye hazırlardı.
>
> Krallar ve yöneticiler,
>
> Rab'bi, İsrail'in Allahı'nı överken,
>
> Bana kulak verin.
>
> Rabbimiz, İsrail'in Allahı,
>
> Senin huzurunda göklerden yağmur yağdı,

Yer sarsıldı

Ve dağlar titredi.

Sonra Rab'bin halkı yürüdü:

"Debora, bizi yönet!

Barak, düşmanlarımızı ele geçir!" dediler.

Rabbimiz, duamız

Düşmanlarımızın hepsinin yok olması.

Fakat sana inanan herkes parlasın,

Şafak vaktinde güneş gibi.

(Hâkimler 4-5)

Gidyon

İsrailliler bir kez daha yaptıklarıyla Rab'bi üzdükleri için Rab onları yedi yıl boyunca Midyan halkı tarafından yönetilmeleri için onların eline teslim etti. Midyanlılar çok zalimdi. Bu yüzden İsrailliler'in kendilerini korumak amacıyla dağlarda ve mağaralarda sığınaklar yapmaları gerekti. İsrailliler ne zaman tarlalarını ekmeye çalışsalar, Midyanlılar'ın, Amalekliler'in ve öbür doğulu halkların saldırısına uğruyorlardı. Midyan halkı yüzünden İsrailliler çok kötü bir duruma düştüler ve bir kez daha Rab'be yakarmaya başladılar. Allah'ın bir meleği Ofra Kenti'ne geldi. Gidyon adında bir adama göründü ve ona

şöyle dedi: "Rab seninledir, yiğit savaşçı. Sahip olduğun güçle git ve İsrailliler'i Midyanlılar'dan kurtar. Seni ben gönderiyorum." Gidyon şöyle yanıt verdi: "Fakat Rabbim, İsrail'i nasıl kurtaracağım? Ait olduğum boy Manaşşe oymağının en zayıfıdır ve babamın ailesinin en küçüğü benim." O zaman Rab ona şöyle dedi: "Bu doğru, ama ben seninle olacağım ve sen de Midyanlılar'ı sanki tek bir adammış gibi yeneceksin."

Gidyon'un yaptığı ilk şey, sahte bir tanrı olan Baal için İsrailliler tarafından yapılmış olan bir sunağı yıkmak oldu. Bundan sonra gerçek Allah için bir sunak yaptı ve bir ordu kurmaya başladı. Çağrısına binlerce kişi karşılık verdi. Bunun üzerine Allah Gidyon'a şöyle dedi: "Ordun çok büyük olduğu için İsrailliler, savaşı kendi güçleriyle kazandıklarını düşünebilirler. Sana sadece üç yüz adamın gücünü kullanman için izin veriyorum." O zaman Gidyon, üç yüz kişiyi üç gruba ayırdı, her birine bir boru ve içinde çıra olan testiler verdi. Sonra da şöyle dedi: "Beni yakından izleyeceksiniz, düşmanın ordugahına ulaştığımda benim yaptıklarımı yapacaksınız. Borumu çaldığımda, siz de borunuzu çalacaksınız ve şöyle haykıracaksınız: "Rab için ve Gidyon için!"

O akşamın ilerleyen saatlerinde, Gidyon ve yüz adamı, nöbet değişiminden hemen sonra ordugaha vardılar. O zaman borularını çalıp testilerini kırdılar. Çıralarını havaya kaldırıp şöyle bağırdılar: "Rab için ve Gidyon için!" Ordugahın çevresinde pozisyon aldılar ve içerdeki askerlerin koşup durduklarını, panik içinde olduklarını gördüler. Gidyon'un üç yüz adamı birden boru çalınca, düşman askerler birbirlerine saldırıp birbirlerini öldürdüler.

Bu olaydan sonra İsrailliler Gidyon'a şöyle söylediler: "Sen bizim önderimiz olmalısın, senden sonra da oğlun ve sonra torunun; çünkü bizi Midyanlılar'dan kurtardın." Fakat Gidyon şöyle cevap verdi: "Ne ben ne de oğlum size önderlik edecek. Önderiniz Rab olacak."

(Hâkimler 6-8)

Şimşon

İsrail halkının hâkimlerinden biri Şimşon'du. Allah anne babasını, çocuklarının Allah'a adanacağı konusunda uyarmıştı. Allah onunla birlikte olacaktı ve bunun bir işareti olarak hiç saçı kesilmeyecekti.

Gerçekten de bu çocuk çok güçlüydü. Daha çok küçükken genç bir aslanın saldırısına uğradı, ama aslanı yakalayıp elleriyle parçaladı. O sırada Filistliler İsrail'i fethetmişti ve onlara büyük zulüm çektiriyorlardı. Şimşon Filistliler'e çok sorun çıkarmayı başardı; hem askerleri hem de ekinleri açısından. Bu nedenle, onu durdurabilmek için gücünün kaynağının ne olduğunu keşfetmeye çalışıyorlardı.

Gidip Delila adındaki kadını buldular. Şimşon Delila'yı seviyordu. Eğer Şimşon'u aldatmayı kabul ederse kendisine çok sayıda gümüş vereceklerini söylediler. Delila büyük kuvvetinin kaynağı hakkında sorular sormaya başladı, ama Şimşon her seferinde ona gerçeği söylemekten kaçınmanın bir yolunu buldu. Delila ağlayarak ve onu kontrol etmeye çalışarak ona o kadar çok zorluk çıkardı ki, sonunda Şimşon'un yüreğini açmasını sağladı. Şimşon Allah'a adanmış olduğunu ve saçını kesecek olursa, büyük kuvvetini kaybedeceğini açıkladı.

Kadın bunu hemen Filistliler'e haber verdi. Onlar da söz verdikleri parayla onların evine geldiler. Delila Şimşon'u kucağında uyuttu ve yedi saç örgüsünü kesmesi için birisini çağırdı. Artık Şimşon'un karşı koyacak gücü kalmadığı için Filistliler onu ele geçirdiler. Gözlerini çıkarıp onu kör ettiler ve tunç zincirlere vurulduğu Gazze Kenti'ne götürdüler. Orada değirmende bütün gün buğday öğütmeye zorlandı. Bir süre sonra Filistliler'in önde gelenleri, tanrıları Dagon'un büyük tapınağında biraraya gelip, büyük düşmanları Şimşon ellerine düştüğü için ona şükrettiler. Şimşon'u oraya getirip tapınağın iki merkezi sütunu arasında durdurup içinde bulunduğu sefil duruma güldüler. O sırada tapınakta üç bin kişi vardı; çatısına bile insanlar çıkmıştı.

Bu arada, Şimşon'un saçları yeniden uzamıştı. Bir ara kendisine yol gösteren genç adama, "Tapınağı taşıyan sütunlara yaslanayım" dedi. Sonra Rab'be dua edip şöyle dedi: "Rab, Allah, lütfen beni bir kez daha güçlendir ki, beni kör ettikleri için Filistliler'den öcümü alayım." Sonra iki sütunu tuttu ve şöyle dedi: "Ben de Filistliler'le birlikte öleyim." Tüm gücüyle itti ve tapınak yıkıldı. Herkes öldü. Şimşon ölümüyle birlikte, hayatı boyunca öldürdüğünden çok daha fazla Filistli'yi öldürmüş oldu. Hakim olarak İsrail halkını yirmi yıl boyunca yönetmişti.

(Hâkimler 13-16)

Rut ve Naomi

Uzun süre yağmur yağmadığında kuraklık olurdu. Böyle zamanlarda ekinler yetişmez ve insanlar açlık çekerdi. Yine böyle bir kıtlık zamanında, Beytlehemli bir aile, insanların hâlâ yiyecek bulabildiği komşu ülke Moav'a göç etti. Bir süre sonra babaları öldü. Eşi ve iki oğlu yabancı ülkede kaldılar. Oğulları yetişkin olduklarında Moavlı iki genç kadınla evlendiler. Sonunda iki oğlan da öldü ve üç kadın yalnız başlarına kaldılar.

Anne Naomi, gelinlerine şöyle dedi: "Ben Beytlehem'e geri döneceğim. Siz burada, ülkenizde kalıp mutlu olun." Genç kadınlardan biri orada kalmaya karar verdi, fakat diğeri, Rut, "Seninle geleceğim! Senin halkın benim halkım. Senin Allahın benim Allahım. Seni hiç bırakmayacağım" dedi. Böylece Rut Naomi'yle birlikte Beytlehem'e gitti. Beytlehem'e vardıklarında hasat zamanıydı. Yoksullar tarlalara gidip orakçıların arkalarında bıraktıklarını toplarlardı. Rut da, kendisi ve kayınvalidesi için yiyecek bulmak amacıyla bu işi yapıyordu.

Tarlanın sahibi Boaz adında bir adamdı. Rut'un yanından geçerken onu gördü. Rut'a karşı iyi davrandı ve şöyle dedi: "Benim tarlamdan arpa toplayabilirsin." İşçilerine de şöyle söyledi: "Rut burada olduğunda, onun toplaması için daha fazla başak bırakın." Naomi, Rut'a Boaz'la akraba olduklarını anlattı. Dedi ki: "Artık her şey yoluna girecek. Boaz bize bakacak." Boaz, Rut ve Naomi'ye her açıdan yardımcı oldu. Rut'a derin bir sevgi duymaya başladı ve, "Naomi'ye ne kadar sadık olduğunu gördüm. İyi yüreklisin. Eşim olmanı istiyorum! Naomi de gelip bizimle yaşayabilir" dedi.

Böylece Boaz Rut'la evlendi ve bir yıl sonra ikisinin bir oğlu oldu. Naomi çok mutluydu. Torunu oğlu gibiydi. Böylece Rut bir yabancı olduğu halde yeni bir evi olmuştu.

(Rut 1-4)

Samuel peygamber

Allah İsrailliler'le çoğu zaman, peygamber adı verilen erkekler ve kadınlar aracılığıyla konuşurdu. Bazen İsrailliler Allah'ın isteğine karşı geldiklerinde peygamberlerin onları uyarması gerekirdi. Başka zamanlarda felaketler olduğunda halkı avuturlardı. Bu peygamberlerden biri Samuel'di. Doğduğundan beri Allah'a hizmet etmeye adanmıştı. İşte onun hikayesi.

Efrayim dağlık bölgesinde eşi Hanna ile yaşayan Elkana adında bir adam vardı. Hanna yıllar boyunca çocuk sahibi olmayı ümit etmişti, ama bir türlü çocuğu olmadı. Hanna ve Elkana her yıl Şilo'daki tapınağa giderdi. Burada Allah'a dua ederlerdi. Hanna Allah'a yakarırdı: "Rab, bana bir oğul verirsen, onu sana adayacağıma söz veriyorum. Hayatı boyunca senin hizmetkarın olacak!"

Şilo'da Eli adında bir kâhin vardı. Hanna'nın neden ağladığını işittiğinde ona şöyle dedi: "Artık kaygılanma! Evine git. İsrail'in Allahı istediğini sana verecek." Gerçekten de söylediği gibi oldu. Hanna'nın bir oğlu oldu ve adını Samuel koydu. Hanna sözünü tuttu; Samuel'i Şilo'daki tapınağa götürdü ve Eli'ye teslim etti. Eli de çocuğa kâhin olması için yardım etti. Her yıl, annesi onun için küçük bir kâhin elbisesi dikip Şilo'ya götürüyordu.

Bir gün Samuel uyurken Allah ona seslendi: "Samuel!" Samuel uyanıp Eli'ye koştu, "Beni mi çağırdın? Geldim" dedi. Fakat Eli, "Hayır oğlum, seni ben çağırmadım. Hadi git uyu" dedi. Allah yeniden Samuel'e seslendi. Çocuk kalkıp Eli'ye gitti ve, "Beni mi çağırdın? Geldim" dedi. Fakat Eli tekrar, "Seni çağırmadım oğlum. Hadi git uyu" dedi. Allah Samuel'e üçüncü kez seslendi. Çocuk bir kere daha kalktı ve Eli'nin yanına koştu, "Beni mi çağırdın? Geldim" dedi.

O zaman Eli, çocuğu çağıranın Allah olduğunu anladı ve Samuel'e şöyle dedi: "Yatağına dön. Biri sana seslenirse, 'Konuş Rab, kulun dinliyor' diye cevap ver." Samuel oradan ayrıldı ve yeniden uykuya daldı. Rab tekrar seslendi: "Samuel! Samuel!" Samuel şöyle cevap verdi: "Konuş Rab, kulun dinliyor." O zaman Allah Samuel'e birçok şey anlattı.

O günden itibaren Allah sık sık Samuel ile konuştu. Samuel yetişkin olduğunda peygamber oldu ve herkes onun sözünü dinledi.

(I. Samuel 1-4)

Saul kral oluyor

Samuel yaşlandığında Allah ona bir görev verdi: İsrail halkı için bir kral bulması gerekti.

Bir gün, Saul adında genç bir adam Samuel'in yaşadığı kente geldi. Babasının kaybettiği ve bulamadığı eşeklerini arıyordu. Kendi kendine şöyle düşündü: "Peygamber onları nerede bulabileceğimi bilebilir." Samuel Saul'u kendisine doğru yaklaşırken gördüğünde Allah onunla konuştu ve şöyle dedi: "İşte sana sözünü ettiğim adam. Halkımın kralı o olacak." Samuel Saul'a şöyle dedi: "Kaybolan eşeklerin için kaygılanma, onlar bulundu. Fakat beni dinle: Allah'ın senin için büyük tasarıları var!" Samuel Saul'u İsrail kralı olarak meshetti. Halka şöyle dedi: "İşte Rab'bin sizin için seçtiği kral bu." O zaman hepsi, "Çok yaşa kral!" diye bağırdılar.

(I. Samuel 8-10)

Saul ve Davut

Saul yıllarca krallık etti. Zaman geçtikçe Rab'bin sözünü dinlememeye başladı. O zaman Allah Samuel'e şöyle dedi: "Artık Saul İsrail kralı olamaz. Yağ kabını yağla doldur ve Beytlehem Kenti'ne git. İşay adındaki adamı bul, çünkü onun oğullarından birini kral olarak seçtim."

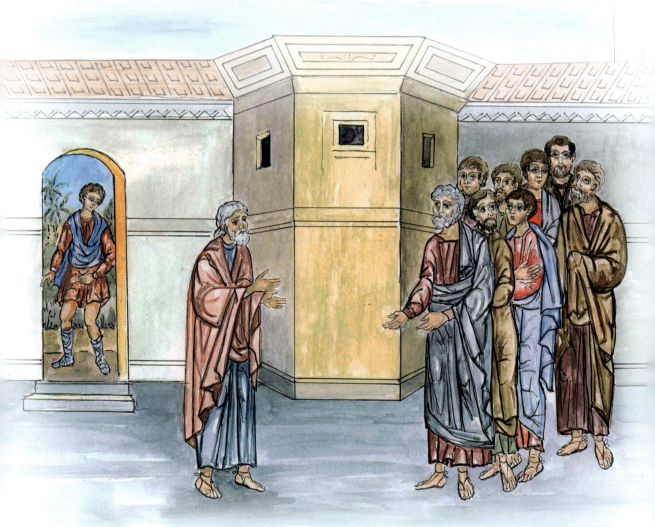

Samuel Rab'bin istediği gibi yaptı ve Beytlehem'e gitti. Burada İşay Samuel'e yedi oğlunu tanıttı. Ne var ki, hiç biri Allah tarafından seçilmemişti. Samuel İşay'a sordu: "Oğullarının hepsi bunlar mı?" İşay, "Bir tane daha var, en küçüğü. Ama sürülere bakıyor. Adı Davut" diye cevap verdi. Samuel, "Çağır onu" dedi. Davut geldiğinde, Allah Samuel'e şöyle dedi: "İşte bu. Kalk ve onu meshet!" Samuel yağ kabını aldı, Davut'u meshetti ve Davut İsrail kralı oldu. O günden itibaren Allah Davut'la birlikteydi.

Bu arada, Saul sarayında oturmaktaydı. Allah'ın kendisini terk ettiğini bildiği için kendisini kötü hissediyordu. Düşünceleri ona işkence ediyordu. O zaman hizmetkârının aklına bir fikir geldi ve sordu: "Senin için lir çalacak birini getirelim mi? Müziğin sesi seni rahatlatabilir. Beytlehem'den İşay'ın oğlu Davut lir çalmayı biliyor. Yürekli ve güçlü bir savaşçı. Akıllıca konuşur ve yakışıklıdır. Rab'bin onunla olduğu anlaşılıyor."

Böylece Saul Davut'un gelip sarayda lir çalmasını istedi ve Davut lir çaldığında Saul kendisini daha iyi hissetti.

(I. Samuel 16)

Davut ve Golyat

Saul'un krallığında, İsrailliler'le düşmanları Filistliler arasında sürekli savaş vardı.

Bir gün Filistliler İsrail'in sınırına dayanıp orada ordugah kurdular. O zaman kral Saul, İsrail'deki erkekleri savaş için hazırlanmaya çağırdı. Davut'un ağabeyleri savaşa gitti, fakat Davut savaşamayacak kadar gençti. Babasıyla kalıp sürülere bakması gerekti. Saul ve İsrailliler sınırlara yaklaştığında, Filistliler'in ordugahından bir savaşçı onlara doğru geldi. Adı Golyat'tı. Çok uzun boyluydu, bir devdi. Ağır bir zırh ve tunç bir başlık giymişti. Ağır bir kılıç ve dev bir mızrak taşıyordu. Başka bir asker de kalkanını taşıyarak onu izliyordu.

Golyat İsrailliler'e seslendi: "Aranızda benimle savaşma cesaretine sahip olan var mı? Sizden biri, teke tek dövüşte beni yenerse, savaşı siz kazanmış sayılacaksınız. Ben yenersem, siz bizim kölemiz olacaksınız." Kral Saul ve adamları bunu duyduklarında dehşete kapıldılar. Golyat her gün yanlarına gelip şöyle sordu: "Hanginiz benimle dövüşecek?" Fakat kimse bu meydan okumayı kabul etmeye cesaret edemedi.

Bir gün İşay, ağabeylerinin ordugahta neler yaptıklarını öğrenmesi için Davut'u gönderdi. Davut orada ağabeyleriyle konuşurken, Golyat bir kez daha İsrailliler'e meydan okudu. Davut, İsrailliler'in hepsinin korktuğunu gördü ve askerlerin şöyle söylediklerini duydu: "Golyat'ı kim öldürürse, kral ona büyük bir zenginlik verecek ve kızıyla evlendirecek."

Davut Saul'a gidip şöyle dedi: "Kralım, Allah'ın halkını aşağılayan bu Filistli'den korkmuyorum. Onunla savaşmak istiyorum!" Saul şöyle karşılık verdi: "Bu mümkün değil! Çok gençsin, oysa Filistli deneyimli bir savaşçı!" Davut, "Ben babamın sürülerini güderken bazen aslan veya ayı, sürüden hayvan çalmak için saldırırdı. Ben de onları kovalayıp öldürür, koyunları kurtarırdım. Allah beni aslan ve ayıların pençelerinden kurtardı. Golyat'ın elinden de kurtaracaktır" dedi.

O zaman Saul Davut'a şöyle dedi: "Git, Rab seninle olsun!" Kendi zırhını ve başlığını ona verdi. Davut, zırhın üstüne bir de Saul'un kılıcını aldı. Birkaç adım attı, zırhın kendisi için fazlasıyla ağır olduğunu anlayıp çıkardı. Bunun yerine ırmak kıyısına gidip beş çakıl taşı topladı. Sonra sopasını ve sapanını aldı, Golyat'a doğru yürüdü. Dev Filistli Davut'a baktı, ne kadar genç ve küçük olduğunu görünce güldü. Davut bir çakıl taşı aldı, sapanına yerleştirdi. Taş Golyat'ın başına o kadar sert bir şekilde çarptı ki, Golyat yüzüstü yere düştü. Filistliler en yiğit savaşçılarının öldüğünü görünce hepsi savaş meydanından koşarak kaçtı.

Davut yaptıkları için büyük bir yücelik ve övgü kazandı. Ailesinin yanına dönmeyip sarayda Kral Saul ile birlikte kaldı.

(I. Samuel 17)

Davut ve Yonatan

Saul'un Yonatan adında bir oğlu vardı. Davut ve Yonatan birbirlerinin en iyi arkadaşı oldular. Davut o kadar çok seviliyordu ki, Saul onu kıskanmaya başladı. Yonatan onun şöyle dediğine kulak misafiri olmuştu: "Davut'u öldüreceğim!" Yonatan arkadaşı Davut'a gelip onu uyardı: "Babam seni öldürmek istiyor! Kaç ve saklan! Ben babamla senin için bir kez daha konuşurum." Yonatan babasıyla Davut hakkında konuştuktan sonra Saul fikrini değiştirdi ve Davut'a zarar vermeyeceğine söz verdi. Bir gün Saul yine kendisini kötü hissediyordu. Davut lir çalarken Saul öfkesine yenik düştü. Mızrağını Davut'a attı. Ama onu vuramadı. Davut hemen saraydan ayrıldı.

Yonatan Davut'u sığınağında gizlice ziyaret etti. Üzgündü, çünkü Davut'un saraya bir daha dönemeyeceğini biliyordu. Davut ve Yonatan birbirlerine söz verdiler: "Ne olursa olsun, biz her zaman arkadaş kalacağız."

(I. Samuel 18-20)

Davut Saul'un hayatını kurtarıyor

Davut birkaç adamıyla birlikte çölde saklanıyordu. Saul bunu duyunca, üç bin askerini aldı ve onu aramaya başladı. Arama sırasında Saul bir mağara keşfetti ve içine girdi. Davut ve adamlarının orada saklandığından habersizdi. Davut sessizce Saul'un arkasından yanaştı ve giysisinin bir parçasını kesti.

Saul mağaradan ayrıldıktan sonra Davut arkasından koştu ve şöyle haykırdı: "Efendim, kralım!" Davut'un karşısında diz çöktüğünü

gören Saul şok oldu. Davut Saul'a, "Bak elimde ne var; giysinin bir parçası. Sana öyle yaklaştım ki, istesem seni öldürebilirdim, ama öldürmedim. Sana zarar vermek istemediğimi görmüyor musun? Beni neden öldürmek istiyorsun?" dedi. O zaman Saul ağlamaya başladı ve, "Kendimden utanıyorum. Sen bana sadece iyilik ettin, bense sana kötülükle cevap verdim. Allah bunun için seni ödüllendirecek. İsrail'in kralı olacağına hiç kuşkum yok" dedi.

Öyle de oldu. Birkaç yıl sonra Davut İsrail kralı oldu. Saul ve Yonatan Filistliler'le yapılan bir savaşta öldüler. Davut onların ardından büyük bir yas tuttu.

(I. Samuel 22-24; II. Samuel 1)

Kral Davut

Davut, İsrail kralı olduğunda Yeruşalim'i ele geçirdi ve başkent yaptı. Orada bir saray inşa etti. Güçlü bir kraldı ve Allah'a tamamen güvendi. Herkes Davut'un Allah tarafından seçildiğini görebiliyordu. Bu nedenle İsrail halkı onu sevdi ve onurlandırdı.

Kral Davut müzik çalmaya ve şiir yazmaya devam etti. Allah'ı övmek için birçok ezgi yazdı. Bunlara Mezmurlar diyoruz.

(II. Samuel 5)

Davut'un Mezmurları

Rab çobanımdır
Sen, ya Rab, çobanımsın.
Eksiğim olmaz.
Yeşil çayırlarda
Beni dinlendirirsin.
Beni sakin sular
Boyunca götürürsün,
Hayatımı tazelersin.
Adına bağlısın,
Doğruluk yolunda
Bana öncülük edersin.
Ölüm kadar karanlık
Vadilerde yürüsem bile,
Korkmam.
Sen benimlesin,
Çobanlık asan sayesinde
Kendimi güvende hissederim.
Önümde şölen sofrası kurarsın,
Düşmanlarım sadece seyreder.
Beni konuğun olarak
Onurlandırırsın,
Kâsemi doldurursun.
Kâsem taşıyor.
İyiliğin ve sevgin hayatımın
Her gününde benimle birlikte olacak.
Sonsuza dek
Senin evinde oturacağım Rab.

(Mezmur 23)

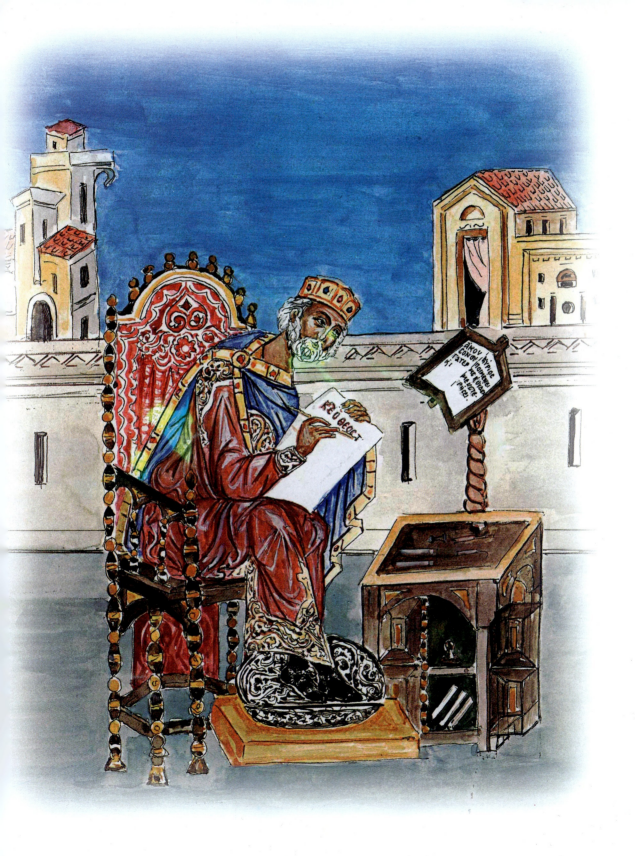

Rab benim hakkımda her şeyi bilirsin

Yüreğimin derinlerine baktın Rab,
Benimle ilgili her şeyi bilirsin.
Ne zaman dinlendiğimi, ne zaman çalıştığımı bilirsin.
Daha ben bir söz söylemeden önce,
Ne söyleyeceğimi bilirsin,
Ve güçlü elinle beni
Her açıdan korursun.
Senin ruhundan ve görüşünden
Nereye kaçabilirim?
Göklerin en yüksek yerlerine çıksam,
Sen oradasın.
Seherin kanatlarını alıp uçsam
Denizleri aşsam,
Orada bile güçlü elin bana rehberlik eder ve beni korur.
Ya da diyelim ki, "Gece üzerimi örtene kadar
Karanlıkta saklanacağım" dedim.
Ama Sen karanlıkta görürsün
Çünkü gündüz ve gece senin için birdir.
Beni annemin rahmine koyan Sensin.
Seni övüyorum, çünkü
Harika bir şekilde yaratılmışım.
Yaptığın her şey harikuladedir!
Buna kuşkum yok.
Allahım, yüreğimin derinliklerine bak,
Düşündüğüm her şeyi araştır.
Kötü yolların peşinden gitmeme izin verme,
Sonsuz yolda beni yönlendir.

(Mezmur 139)

Allah gerçek Kraldır

Seni öveceğim Allahım ve Kralım,
Adını her zaman onurlandıracağım.
Harikasın Rab,
Tüm övgüye layıksın,
Çünkü insanın anlayabileceğinden
Çok daha büyüksün.
Her kuşak bir sonraki kuşağa,
Yaptığın harika ve güçlü işleri anlatacak.
Merhametlisin, Rab!
İyisin ve sabırlısın, her zaman seversin.
Herkese karşı iyisin,
Yarattıklarına bakarsın.
Tüm yaratılış Sana şükredecek,
Sadık halkın Seni övecek.
O zaman herkes yaptığın yüce işleri
Ve egemenliğini bilecek.
Egemenliğinin sonu yoktur ve
Sonsuza dek egemenlik süreceksin.
Rabbimiz, Sözüne sadıksın
Ve söylediğin her şeyi yaparsın.
Biri sendelediğinde veya düştüğünde,
Sen yardım elini uzatırsın.
Herkes sana bağlıdır ve doğru zaman geldiğinde,
Onlara yiyecek sağlarsın.
Elinle yaşayan herkesin arzularını
Gerçekleştirirsin.
Seni öveceğim Rab,
Herkes sonsuza dek Senin kutsal adını övecek.

(Mezmur 145)

Kral Süleyman

Davut kırk yıl boyunca İsrail'e krallık etti. Ölünce yerine oğlu Süleyman kral oldu. Bir gece, Allah Süleyman'a düşünde göründü ve şöyle dedi: "İstediğin her neyse dile, dileğini yerine getireceğim."

Süleyman şöyle dedi: "Rab, babamı çok sevdin, çünkü sadık ve itaatkardı. Şimdi de, Rab, Allahım, beni kral yaptın. Lütfen bana bu halkı yönetmek için gereken bilgeliği ve onlar için doğru ile yanlışı ayırt etme becerisini ver."

Rab, Kral Süleyman'ın dileğinden memnun oldu ve şöyle dedi: "Zenginlik veya uzun bir yaşam isteyebilirdin, ama istemedin. Bu nedenle, istediğin gibi, sana kimsenin sahip olmadığı ve olamayacağı kadar bilgelik ve bilgi vereceğim. Ayrıca, istemediklerini de vereceğim: Zenginlik ve yücelik." Kısa bir süre içinde Kral Süleyman'ın ne kadar bilge ve akıllı olduğu dünyanın her yerinde bilinir hale geldi. Çok uzaklardan insanlar, söylediklerini duymak için ona geliyorlardı. O zamanlarda İsrail halkının dua edebileceği bir tapınak olmadığı için Süleyman bir tapınak inşa etmeye karar verdi. Süleyman'ın büyük tapınağı inşa etmesi yedi yıl sürdü. Sonunda tapınak bitti. Süleyman ve halkı Allah'a yeni ve harika bir tapınakta tapınabildiler.

Halk yeni tapınağın önünde toplandı. Süleyman sunağın önünde durdu ve dua etti: "İsrail'in Allahı Rab, gökte ve yerde Senin gibi başka bir Allah yok. Büyük ve sonsuz gökler bile Senin için fazlasıyla küçük sayılır. Benim inşa ettiğim bu tapınak bile Senin için çok küçük. Bu nedenle, Senden dileğim şu: Gözlerin sürekli tapınağımızın üzerinde olsun. Bize söz verdin: 'Sizinle yaşayacağım' dedin, bu nedenle bu tapınakta dua ettiğimiz zaman bizi işit. Dualarımıza kulak ver ve yanlış bir şey yaptığımızda bizi bağışla. Tehlikede olduğumuzda bizi kurtar." Süleyman bu duadan sonra halkı kutsadı ve daha sonra Çardak Bayramı adı verilen büyük bir bayramla kutlama yaptılar.

(I. Krallar 3-6, 8)

Saba Kraliçesi Süleyman'ı ziyaret ediyor

Süleyman o kadar ünlüydü ki, Saba Kraliçesi uzaktan onun ününü duymuştu. Süleyman'la Yeruşalim'de buluşmak için uzun bir yolculuk yaptı. Ona zor sorular sorarak bu kralın ne kadar bilge olduğunu kendi gözleriyle görmek istiyordu. Süleyman için değerli armağanlarla yüklü birçok deveyi yanında getirmişti: Parfüm, altın ve değerli taşlar.

Süleyman sorularının hepsini kolayca cevapladı. Kralın cevaplayamadığı hiçbir soru yoktu. Süleyman kraliçeye muazzam sarayını ve inşa ettiği harika tapınağı gösterdi. Kraliçe çok şaşırmıştı, Süleyman'a hayranlık duydu. Krala şöyle dedi: "Yaptıkların ve sözlerin hakkında duyduklarım doğruymuş. Kendi gözlerimle görene kadar inanmamıştım. Artık senin bilgeliğinin duyduğum her şeyi aştığını görüyorum. İsrail halkının kralı olarak seni seçtiği için Allahın Rab kutsansın!"

(I. Krallar 10)

Süleyman'ın bilgelik sözleri

Bilge oğul babasını sevindirir, ahmak oğul ise annesine üzüntü verir.

Yasa dışı yollarla elde edilen hazinenin yararı yoktur, dürüstlük ise insanı ölümden kurtarır.

Rab doğru insanın aç kalmasına izin vermez, açgözlü kötü insanların arzularını ise yerine getirmez.

Yazın yiyecek saklayan bilgedir; hasat zamanında uyuyan ise değersiz oğuldur.

Sözlerin çokluğunda günah eksik olmaz, dilini denetleyebilen kişi ise bilge kişidir.

Doğrunun umudu sevinç verir, kötünün umudu ise kaybolacaktır.

Yasaya uyan kişiler doğrulukla kurtulur, yasaya uymayanlar ise açgözlülüklerinin kapanına kısılırlar.

İyi adam kendisine iyilik eder, kaba insan ise, kendi bedenine zarar verir.

Biri cömertçe verir ve zenginleşir, biri açgözlüdür ve yoksullaşır.

Düzeltilmeyi seven kişi bilgiyi sever, azardan nefret eden ise ahmaktır.

Gerçek sonsuza dek yaşar, yalan ise bir an için vardır.

Bilge kişi bir şey yapmadan önce düşünür, ahmak ise ahmaklığını gösterir.

Komşusunu hor gören günahkardır, fakat yoksula acıyan şanslı olacaktır.

Öfkesini kontrol eden sağduyuludur, kolayca öfkelenen ise ahmaktır.

Sevgiyle bir tabak ot yemek, nefret içinde et yemekten daha iyidir.

İşlerinizi Rab'be teslim ederseniz, amaçlarınız gerçekleşir.

(Süleyman'ın Özdeyişleri 10-16)

İlyas peygamber

Süleyman'ın ölümünden sonra İsrailliler aralarında kavga etmeye başladılar. Ülke ikiye bölündü ve iki ayrı kralı oldu. Halk artık gerçek Allah'ı umursamıyor, taş ve ahşaptan yaptığı kendi putlarına tapınıyordu.

Krallardan birinin adı Ahav'dı. Gökyüzü ve yağmur tanrısı olduğu söylenen Baal adında sahte bir tanrıya tapınıyordu. O zaman Allah İlyas peygamberi Kral Ahav'a gönderdi. İlyas krala, "Gerçek Allah'ın adıyla ant içerim ki, önümüzdeki yıllarda yağmur olmayacak. Gerçek Allah'a değil de, putlara taptığınız için cezanız bu olacak."

Öyle de oldu. Üç yıl boyunca yağmur olmadı. Hiçbir şey yetişmedi, bitkilerin hepsi öldü ve insanlar açlıktan kırılmaya başladı. Kral Ahav İlyas'a çok öfkelendi. Allah İlyas'a, "Git, Ahav'dan saklan" dedi. Su içebileceği Kerit Vadisi'ne yönlendirdi. Allah İlyas'a her gün ekmek ve et getiren kargalar gönderdi. Bir süre sonra dere kurudu.

O zaman Allah İlyas'la konuştu ve şöyle dedi: "Sarefat Kenti'ne git ve orada kal. Oradaki bir dul kadın aracılığıyla sana yiyecek sağlayacağım." İlyas kent kapısına ulaştığında odun toplayan bir dul kadın gördü. Kadına, "Lütfen bana biraz su ve biraz ekmek parçası verir misin" diye ricada bulundu. Kadın, "Ekmeğim yok, sadece biraz arpa ve yağım var. Ben ve oğlum için kalan bu azıcık yemeği pişirmek için odun topluyorum. Sonra da ölüp gideceğiz" dedi.

O zaman İlyas şöyle dedi: "Merak etme! Git, benim için küçük bir ekmek pişir ve bana getir. Kendin ve oğlun için de yap. İsrail'in Allahı Rab şöyle söz verdi: 'Ben yağmur gönderene kadar un kabı boş kalmayacak, kaptaki yağ da tükenmeyecek.' "

Kadın gidip İlyas'ın söylediği gibi yaptı. Üçünün de günlerce yiyeceği oldu, kaplar hiç boşalmadı.

(I. Krallar 16-17)

İlyas ve Baal'ın peygamberleri

Üç yıl boyunca yağmur yağmadı ve birçok kişi açlıktan öldü. O zaman Allah İlyas'a, "Ahav'a git, ben de yağmur göndereceğim" dedi. Ahav İlyas'ın geldiğini görür görmez şöyle dedi: "İsrail'in başına dert getiren sen misin?" İlyas cevap verdi: "İsrail'in başına dert açan ben değilim. Sen ve ailensiniz. Rab'bin buyruğuna itaatsizlik ettiniz, Baal'a tapındınız. Şimdi İsrailliler'in hepsini Karmel Dağı'nda topla. Baal'ın bütün peygamberlerini de çağır."

Hepsi Karmel Dağı'na geldiler. İlyas halka yaklaştı ve şöyle dedi: "Bir karar vermeniz gerekiyor şimdi. Allahınız kim: Rab mi, Baal mı? Ben Rab'bin tek peygamberiyim. Baal'ın dört yüz elli peygamberi var. Bize iki buzağı getirsinler. Baal'ın peygamberleri birini seçsin. İkiye ayırsınlar ve sunağın üzerine koysunlar. Ben de diğer buzağıyı kendi sunağıma koyacağım. Kimse odunu yakmayacak. Tanrılarının adını çağırsınlar ve ben de Rab'bin adını çağıracağım. Ateşle karşılık veren gerçek Allah'tır."

Baal'ın peygamberlerinin hepsi sunağın çevresinde dans ettiler ve, "Baal, bize kulak ver!" diye yakardılar. Fakat cevap almadılar. İlyas onlarla alay etmeye başladı. "Daha yüksek sesle bağırın" dedi, "O bir tanrı! Başka biriyle meşgul olabilir! Uyuyor olabilir, onu uyandırmanız gerekebilir!" Baal'ın peygamberleri daha yüksek sesle bağırdılar. Ama cevap belirtisi yoktu.

O zaman İlyas sunağa gitti, odunları dizdi. Sunağın çevresini kazdı. Sonra odunların üzerine ve çukurun içine su döktü. Allah'a dua etti ve şöyle dedi: "Beni yanıtla Rabbim, öyle ki, bu halk, Senin Rab Allah olduğunu anlasın ve Sana dönsün."

O zaman Allah göklerden ateş gönderdi ve eti, odunları, taşı, toprağı ve hatta çukurdaki suyu yaktı. Halk bunu görünce eğildi ve, "Rab Allah'tır; Rab, Allah'tır!" dedi. Sonra bir fırtına çıktı, kurak toprakların üzerine yağmur yağdırdı.

(I. Krallar 18)

Yeşaya peygamber

Yeşaya, başka bir önemli peygamberdi. Bir gün Allah kendisine bir görümde, "Habercim olur musun? Kimi göndereyim?" diye sordu. Yeşaya, "Beni gönder!" diye karşılık verdi. Böylece Yeşaya, peygamber oldu ve Rab'bin bir Kurtarıcı göndermesi durumunda neler olacağını halka anlattı.

(Yeşaya 6)

Bir gün, Yeruşalim'i kuşatmış olan düşman orduları nedeniyle üzülen Kral Ahaz'ı teşvik etmeye gitti. Ona şöyle dedi: "Rab sana bir belirti verecek; genç bir kadın hamile kalacak, bir oğul doğuracak ve adı 'Rab bizimle' anlamına gelen 'İmmanuel' olacak."

(Yeşaya 7)

Başka bir olay sırasında halka Kurtarıcı'nın geleceği zamanı anlattı:

Karanlıkta yürüyen halk
Büyük bir ışık gördü.
Gölgeler ülkesinde yaşamaktaydılar,
Fakat artık üzerlerine ışık parlıyor.
Bize bir çocuk doğdu!
Bize bir oğul verildi!
Yönetim O'nun olacak.
O'na, 'Harika Öğütçü,'
'Güçlü Allah,' 'Sonsuz Baba,'
'Esenlik Önderi' denecek.

(Yeşaya 9)

Yeşaya Kurtarıcı'nın sıkıntılarını bile tarif etti: "İnsanlar tarafından hor görüldü ve reddedildi; kimsenin yüzüne bile bakmadığı elem adamıydı. Kederimizi yüklendi, acılarımızı çekti. İncinmesinin nedeni günahlarımızdı, kabahatlerimiz nedeniyle ezildi. Kurtulmamız için O cezalandırıldı. İşkence gördü, ama hiç yakınmadan, alçakgönüllü bir şekilde bu acıyı taşıdı. Boğazlanmaya götürülen bir koyun gibi, kırkılacak kuzu gibi sessiz kaldı, hiç yakınmadı. Hiç suç işlemedi, ağzından da hiçbir aldatıcı söz çıkmadı."

(Yeşaya 53)

Yeremya peygamber

Diğer bir peygamber Yeremya'ydı. Allah onu çağırdı ve şöyle dedi: "Sen henüz doğmadan, halkıma peygamber olmak için seçildin." Yeremya şöyle karşılık verdi: "Fakat Rab, Allahım, nasıl konuşacağımı bile bilmiyorum. Hâlâ çok gencim." Allah, "Çok genç değilsin. Halka git ve sana söyleyeceklerimi anlat. Kimseden korkma, seninleyim ve seni koruyacağım" dedi.

Bir gün Yeremya'nın çömlekçiye gitmesi gerekti. Çömlekçinin çarkında balçıktan kap yaptığını gördü. Kap kırıldı. Adam yeni birini aldı ve ona istediği biçimi verdi. Sonra Allah Yeremya'ya şöyle dedi: "Ben de sana bu çömlekçinin balçığa yaptığını yapamaz mıyım? Sen de benim elimde balçık gibisin. Halka söyle: Yollarından dönerlerse onlara yardım ederim."

(Yeremya 1,18)

Yeremya peygambere Allah'ın halkı için bir haber verilmişti. Kurtarıcı geldiği zaman Allah'ın halkıyla yeni bir antlaşma yapacağını söylüyordu. Allah'ın haberi şöyleydi: "Halkımla yeni bir antlaşma yapacağım zaman gelecek. Mısır'dan çıkardığımda atalarıyla yaptığım eski antlaşmayla ilgisi olmayacak. Ataları antlaşmamıza uymadığı için onlara yardım etmedim. Bu yeni bir antlaşma: Yasamı onların vicdanına koyup yüreklerine yazacağım. En küçüğünden en büyüğüne kadar hepsi beni tanıyacaklar. Suçlarını bağışlayacağım ve günahlarını artık hatırlamayacağım. Ben, Rab, böyle diyorum."

(Yeremya 31)

Yunus peygamber ve büyük balık

Yunus dindar bir adamdı. Bir gün Rab ona, "Ninova Kenti'ne git. Oradaki insanlara, kötülüklerini gördüğüm için onları cezalandıracağımı söyle" dedi. Yunus Ninova'ya gitmeye korktu ve Rab'bin sözünü dinlemedi. Deniz kıyısına gitti, ters yöne giden bir gemiye bindi. Allah'tan kaçmaya çalışıyordu.

Fakat Allah bir fırtına gönderdi. Gemiciler dehşete kapıldı, yardım için Allah'a yakardılar. Gemiyi hafifletmek için yükün bir kısmını denize attılar. Yunus geminin içindeydi ve derin bir uykuya dalmıştı. Kaptan onu orada buldu ve şöyle dedi: "Kalk ve yardım için Allah'a dua et; belki bize acır ve kurtarır." O zaman Yunus, "Allah beni dinlemez. Hepsi benim hatam. Buyruklarını dinlemedim ve O'ndan kaçmaya çalıştım. Bu yüzden bu fırtınayı gönderdi. Beni alıp denize atarsanız fırtına dinecektir" dedi.

Gemiciler bunu yapmak istemediler. Fırtına daha da kötüleşti. Şöyle dua ettiler: "Rab bizi ölümle cezalandırma! Bu adamı denize atacağız! Sen Rab, dilediğini yapabilirsin." Yunus'u denize attılar ve o anda fırtına dindi.

O zaman Allah Yunus'u yutan büyük bir balık gönderdi. Yunus üç gün ve üç gece balığın midesinde durdu. Balığın içinden Rab'be dua etti. Allah balığa kıyıya doğru yüzmesini ve Yunus'u kıyıda bırakmasını buyurdu.

(Yunus 1-2)

Yunus Ninova'ya gidiyor

Allah Yunus'a ikinci kez şöyle dedi: "Ninova'ya git ve oradaki halka kötülük yaptıkları için onları cezalandıracağımı söyle." Bu kez Yunus itaat etti. Kentin merkezine gitti ve şöyle haykırdı: "Kırk gün sonra Ninova yıkılacak!"

Ninova halkı dehşete kapıldı. Çul giyip Allah'ın kendilerine acıması için yalvardılar ve yollarını değiştirmeye söz verdiler. Allah Ninova halkının değiştiğini görünce, kenti yıkmamaya karar verdi. Fakat Yunus bunu bilmediği için kentin önünde oturdu ve Allah'ın kenti yıkmasını bekledi.

Yunus bir şey olmadığını görünce, öfkelendi ve Allah'a şöyle dedi: "Fikrini kolayca değiştirdiğini söylerken haklıydım. Çok sabırlısın ve vereceğin cezayı ertelemeye her zaman razısın. İşte bu nedenle Ninova'ya daha başında gelmek istemedim." Allah şöyle cevap verdi: "Öfkelenmekte haklı mısın Yunus?"

Yunus bir çardak yapıp altında oturmak istedi. O zaman Allah, Yunus'un gölgesinde oturması için çok hızlı bir şekilde yetişen bir bitki gönderdi. Bu bitki Yunus'u çok sevindirdi. Allah Yunus'a ne kadar haksızlık yaptığını göstermek istiyordu. Bu nedenle, ertesi gün bitkinin köklerinin kurtlar tarafından yenmesini buyurdu. Bu şekilde bitki öldü. Sonra güneş çıktı, Yunus'un başı yanmaya başladı. Bitkindi ve Allah'a söylenmeye başladı.

O zaman Allah sordu: "Yunus, bitki nedeniyle öfkelenmekte haklı mısın? Bitki için ne çaba sarf ettin ne de büyümesine yardım ettin. Ama şimdi üzülüyorsun. O halde, bu denli büyük bir kent olan Ninova için ben üzülmeyeyim mi, halkına acıyıp, onları ölmekten kurtarmayayım mı?

(Yunus 3-4)

Daniel ve arkadaşları

Birkaç yıl sonra, Babil Kralı Nebukadnessar, ordusuyla beraber Yeruşalim'e gelip kenti fethetti. İsrail'in soylu ailelerinden gelen hizmetkârlar seçti. Babil dilini okumayı ve yazmayı öğrenebilecek kadar akıllı insanlar arıyordu. Üç yıl boyunca bu genç adamlara, krala hizmet etmek için bilmeleri gereken her şey öğretildi.

Bu genç adamlardan birinin adı Daniel'di. O ve üç arkadaşı Şadrak, Meşak ve Abed-Nego krala hizmet etmek üzere seçildiler. Kral kısa bir süre sonra bu adamların diğerlerinden çok daha akıllı olduklarını anladı. Nebukadnessar'ın bütün sorularına bilgelik ve sağduyuyla cevap veriyorlardı.

(Daniel 1)

Üç arkadaş fırına atılıyor

Bir gün Kral Nebukadnessar bütük bir altın heykel yaptı ve herkese buyruk verdi: "Egemenliğimdeki herkes bu altın heykelin önünde eğilecek. Bunu yapmayan herkes fırına atılarak ölecek." Sadece İsrail'in Allahı önünde eğilen Şadrak, Meşak ve Abed-Nego dışında herkes heykelin önünde eğildi.

Kral bunu duyduğunda, sarayda huzuruna çıkarılmalarını buyruk verdi ve şöyle dedi: "Benim buyruklarıma itaat etmemeye nasıl cesaret edersiniz? Fırına atıldığınızda Rabbiniz'in sizi kurtarabileceğini mi düşünüyorsunuz?" Üç genç adam şöyle cevap verdiler: "Eğer Allah dilerse, bizi senden de fırından da kurtarabilir. Fakat kurtarmasa da, senin heykelinin önünde eğilmeyeceğiz." O zaman Nebukadnessar büyük bir öfkeye kapıldı ve üçünün de fırına atılması için buyruk verdi. Fakat Allah onları ateşten korumak için bir melek gönderdi. Kral çok kızdı ve "Üç adamı fırına atmadık mı? Neden fırının içinde yanmadan gezinen dört adam görüyorum?" diye haykırdı.

Sonra kral fırının açılmasını buyurdu ve üç adam hiçbir zarar görmemiş halde fırından çıktılar.

(Daniel 3)

Daniel aslan çukurunda

Nebukadnessar öldü ve onun yerine Darius adında başka bir kral tahta çıktı. Krallıktaki en önemli adamlardan biri Daniel'di. Darius ona daha da fazla yetki vermek istiyordu. Saraydaki diğer adamlar Daniel'i kıskanıyor, onu incitmek istiyorlardı. Daniel'in sadece İsrail'İn Allahı'na dua ettiğini biliyorlardı ve krala, "Kırk gün boyunca kimsenin sizin, Kral Darius'un dışında başka kimseye tapınmasına izin verilmemesi için buyruk verin. Kim itaat etmezse aslanlara atılsın" dediler. Kral bir buyruk verdiğinde, sözleri artık yasa olduğu için bunun değiştirilemeyeceğini biliyorlardı.

Kral bunu kabul etti. Buyruk krallığın her yerinde duyuruldu. Daniel sık sık Allah'a dua ederdi: Günde üç kez diz çöküp koruma ve kutsama için dua ederdi. Kralın buyruğundan sonra bile dua etmeye devam etti.

Düşmanları bunu gördüklerinde krala gidip, "Daniel buyruğunuza uymuyor, günde üç kez Allahı'na dua ediyor" dediler. Kral üzüldü. Daniel'i sevdiği için onu bağışlamak istiyordu. Fakat Daniel'in düşmanları, "Kralımız biliyorsunuz, buyruklarınız değiştirilemez" dediler.

Böylece Kral Darius Daniel'i aç aslanların bulunduğu çukura atmak zorunda kaldı. Kral bütün gece uyuyamadı. Sabahleyin çok erkenden kalktı ve aslan çukuruna gitti. Kederli bir sesle sordu, "Daniel, Rab'bin seni aslanlardan kurtarmayı başardı mı?" O zaman Daniel şöyle karşılık verdi: "Rabbim, bana zarar vermesinler diye aslanların ağzını kapatması için meleğini gönderdi. Çünkü masumum ve yanlış bir şey yapmadım." O zaman kral sevindi, Daniel'in çukurdan çıkarılmasını buyurdu.

(Daniel 6)

Daniel gelecek olan Kurtarıcı'yı anlatıyor

Daniel Kurtarıcı'nın gelişini önceden bildiren bir görüm gördü:

"Göklerdeki bulutların üzerinden insana benzeyen birinin geldiğini gördüm; başlangıcı olmayan Allah'ın huzuruna çıkarıldı. Her ulustan ve her dilden insanın kendisine hizmet edebilmesi için tüm yücelik, görkem ve krallık ona verildi. Önderliğinin sonu olmayacak ve krallığı hiçbir zaman yok olmayacak."

(Daniel 7)

Yeni Antlaşma

Kurtarıcı beklentisi

Uzun bir süre geçti. İsrailliler hâlâ Allah'ın kendilerine söz verdiği kralı bekliyorlardı. Peygamberlerin hepsi, bu kralın diğer krallardan farklı olacağını söylemişlerdi. İsrailliler'i düşmanlarından kurtaracak, esenlik ve özgürlük getirecekti. İsrailliler Rab'bin kendilerine vaat ettiği bu krala Mesih adını vermişlerdi.

Fakat toprakları hâlâ büyük Roma İmparatorluğu'nun yabancı askerlerinin işgali altındaydı. Roma'da yaşamakta olan Sezar dünyadaki en kudretli kişiydi. Hrodes'i, İsrail topraklarının bir parçası olan Yahudiye'nin kralı olarak atamıştı. Yahudiye'de yaşayan İsrailliler'e Yahudi deniyordu. Fakat Yahudiler Hrodes'i sevmiyorlardı. Onları özgür kılacak olan Mesih'i büyük bir istekle bekliyorlardı.

Elizabet ve Zekeriya

O günlerde, Zekeriya Yeruşalim'deki tapınakta kâhinlik yapıyordu. Zekeriya'yla eşi Elizabet çok yaşlıydılar ve çocukları yoktu.

Bir gün Zekeriya tapınağa gitti. Tapınağın önünde duran ve dua eden birçok kişi vardı. Halk adına dua etmek ve tütsü yakmak için tapınağa girmesine izin verilen tek kişi kâhindi. Zekeriya içeri girip sunağın önünde durduğunda, aniden karşısında bir melek göründü. Korkmuştu.

Fakat melek ona şöyle dedi: "Korkma, Zekeriya! Allah duanı kabul etti; eşin Elizabet sana bir oğul doğuracak ve ona Yahya ismini vereceksin. Yaşı ilerlediğinde halka, 'Hazırlanın! Allah size Mesih'i gönderiyor!' diye ilan edecek."

"Eşim Elizabet ve ben çok yaşlıyız. Artık bizim çocuğumuz olmaz" diye Zekeriya meleğe karşılık verdi.

Melek ise şöyle dedi: "Ben Cebrail'im, Allah'a yakınım. Allah beni seninle konuşmam için ve sana bu müjdeyi vermem için gönderdi. Fakat sözlerime inanmadığın için bu günden çocuğun doğacağı güne kadar konuşamayacaksın."

Bu arada dışarıdaki insanlar Zekeriya'nın tapınaktan çıkıp kendilerini kutsamasını bekliyorlardı. İçeride çok uzun bir süre kaldığı için kaygılanmışlardı. Dışarı çıktığında konuşamadığını görünce, tapınakta bir görüm gördüğünü anladılar.

Zekeriya evine döndü. Elizabet kısa bir süre içinde çocuğu olacağını anladı. Çok mutlu oldu ve şöyle dedi: "Rab beni unutmadı! Bana bu çocuğu verdi."

(Luka 1)

Melek Meryem'i ziyaret ediyor

Nasıra Kenti'nde Meryem adında genç bir kız yaşardı. Yusuf adında bir adamla evlenmek üzere nişanlanmıştı.

Bir gün Meryem'e bir melek göründü ve şöyle dedi: "Selam sana ey Allah'ın lütfuna erişen kız!" Meryem çok şaşırdı. Ama melek, "Korkma Meryem. Bir oğlun olacak ve ona İsa adını vereceksin. O büyük olacak ve ona Yüceler Yücesi'nin Oğlu denecek" dedi.

Meryem meleğe, "Bu nasıl olur, ben henüz bir erkekle evlenmedim ki?" dedi.

Melek şöyle karşılık verdi: "Kutsal Ruh üzerine gelecek ve Allah'ın gücü bu mucizeyi gerçekleştirecek. İşte bu nedenle doğuracağın kutsal çocuğa Allah'ın Oğlu denecek. Çok yaşlı olduğu halde kuzenin Elizabet'in de bir çocuğu olacağını bil. Allah için olanaksız hiçbir şey yoktur."

O zaman Meryem, "Ben Rab'bin bir kuluyum. Söylediğin gibi, Rab'bin isteği gerçekleşsin" dedi.

(Luka 1)

Melek Yusuf'u ziyaret ediyor

Yusuf Meryem'in gebe olduğunu öğrendiğinde nişanı bozmak istedi. Fakat Allah'ın bir meleği ona uykusunda göründü ve şöyle dedi: "Yusuf, Meryem'i eş olarak almaktan korkma, çünkü o Allah'ın Oğlu'nu doğuracak. Ona, 'Allah kurtarır' anlamına gelen İsa adını vereceksiniz. Çünkü Rab O'nun aracılığıyla halkını kurtaracak."

Yusuf uyandığında, meleğin dediğini yaptı ve Meryem'i eş olarak aldı.

(Matta 1)

Meryem Elizabet'i ziyaret ediyor

Bundan kısa bir süre sonra Meryem kuzeni Elizabet'i ziyarete gitti. Zekeriya'nın evine gidip Elizabet'i selamladı. Elizabet, Meryem'in selamını duyar duymaz, rahmindeki bebek sevinçle hopladı. O zaman Elizabet yüksek sesle şöyle dedi: "Meryem, Rab tarafından kutsanmışsın, taşıdığın çocuk kutsanmış. Evet, İsrail halkını kurtaracak Olan'ın annesisin. Selamını duyduğumda rahmimdeki bebek hopladığı için bunu biliyorum. Her şeyin Rab'bin söylediği gibi olacağını bildiğin için mutlu olmalısın."

O zaman Meryem Allah'ı övmeye başladı:

"Canım Rab'bi sevinçle yüceltiyor.

Sevgisi sonsuzdur.

Halkına verdiği vaadi yerine getiriyor ve bir Kurtarıcı gönderiyor."

Meryem üç ay boyunca Elizabet'le kaldı. Sonra evine, Yusuf'un yanına döndü.

(Luka 1)

Yahya'nın doğumu

Elizabet kısa bir süre sonra bir çocuk doğurdu. Meleğin vaat ettiği gibi bir oğlandı. Komşular ve akrabalar çocuğu görüp Elizabet'le sevinmek için geldiler. "Adı ne olacak?" diye Elizabet'e sordular, "Babası gibi Zekeriya olacak herhalde." Fakat Elizabet şöyle cevap verdi: "Hayır, adı Yahya olacak." "Fakat sizin akrabalarınızdan hiçbirinin adı Yahya değil ki!" dediler. O zaman Zekeriya'ya, çocuğa hangi ismi vermek

istediğini sordular. Zekeriya küçük bir yazı levhası aldı ve şöyle yazdı: "Adı Yahya olacak." Yazar yazmaz, Zekeriya yeniden konuşmaya başladı. Böylece Allah'ı övdü ve O'na şükretti.

Komşuların hepsi hayret ettiler ve çok şaşırdılar. Her yerde bundan bahsettiler ve birbirlerine şöyle dediler: "Acaba bu çocuk ne olacak?"

(Luka 1)

İsa'nın doğumu

O günlerde Roma İmparatoru Sezar Avgustus şöyle bir buyruk verdi: "İmparatorluğumdaki herkesin sayılması gerekiyor. Vergilerin toplanabilmesi için bütün isimlerin yazılması gerekli. Herkes kaydolmak için kendi memleketine gitmeli."

Yusuf, Kral Davut'un soyundan geldiği için, Davut'un kenti olan Beytlehem'e gitmeliydi. O ve Meryem uzun bir yolculuğa çıktılar. Beytlehem'e vardıklarında, handa kalabilecekleri bir yer yoktu. Küçük kent fazlasıyla kalabalıktı. Sonunda bir ağılda yer buldular.

O gece Meryem bebeğini doğurdu. Bir oğlu oldu. Onu bezlere sarıp bir yemliğe yatırdı.

Yakında, çayırlarda sürülerini güden çobanlar vardı. Aniden, çevrelerini bir ışık sardı ve karşılarında bir melek göründü. Çobanlar korkmuştu, ama melek şöyle dedi: "Korkmayın! Size iyi haberler getirdim. Rab size vaat ettiği Kurtarıcı'yı gönderdi. O, Rab olan Mesih'tir. Bugün Beytlehem'de doğdu. Onu şu işaretten tanıyacaksınız:

Kundağa sarılmış ve yemlikte yatan bir bebek bulacaksınız."

Aniden, büyük bir melekler topluluğu göründü. Allah'ı överek, "En yücelerde Allah'a yücelik olsun, yeryüzünde O'nun hoşnut kaldığı insanlara esenlik olsun!" dediler.

Çobanlar Beytlehem'e koştular. Meryem'le Yusuf'u ve yemlikte yatan bebeği buldular. Çobanlar meleğin çocuk hakkında söylediklerini onlara anlattılar. Meryem bütün bu şeyleri yüreğinde sakladı ve bunlar hakkında derin derin düşündü.

Çobanlar sürülerine geri döndüler. Gördükleri her şey için Allah'ı övüyorlardı.

Meryem ve Yusuf, meleğin söylediği gibi çocuğa İsa adını verdiler.

(Luka 2)

Yıldızbilimciler

İsa Beytlehem'de doğduktan sonra, Yeruşalim'e doğudan üç yıldızbilimci geldi. Kral Hrodes'in sarayına gidip sordular: "Yeni doğan kral nerede? Yıldızının doğduğunu gördük ve O'na tapınmaya geldik."

Hrodes bunu duyduğunda başkasının kral olmasını istemediği için çok kızdı. Bu nedenle Kutsal Yazılar'ı bilen bütün bilge adamlara sordu: "Mesih nerede doğacak? Vaat edilen kral hangi kentte doğacak?" Onlar da, "Peygamberlere göre Yahudiye'nin Beytlehem Kenti'nde" dediler. Hrodes üç yıldızbilimciyi gizlice yanına çağırdı. Yıldızın ilk kez nerede göründüğünü öğrenmek istiyordu. O zaman onları Beytlehem'e gönderdi ve şöyle dedi: "Çocuğu bulduğunuzda bana haber verin. Ben de gelip O'na tapınacağım."

Yıldızbilimciler yıldızı izleyerek Beytlehem'e geldiler. Yıldız İsa'nın olduğu yerin üzerindeydi. Yıldızbilimciler içeri girdiler ve orada bebeği annesi Meryem'le birlikte buldular. Diz çöküp O'na tapındılar. Sonra değerli armağanlar sundular: Altın, günnük ve mür.

Bundan sonra, başka bir yol izleyerek ülkelerine geri döndüler. Allah onları Hrodes'in yanına gitmemeleri konusunda uyarmıştı.

(Matta 2)

Şimon ve Anna

İsa kırk günlükken Meryem'le Yusuf O'nu Yeruşalim'deki tapınağa getirdiler. Çocuk için Allah'a şükretmek ve O'nu Allah'a adamak istiyorlardı.

Tapınakta Şimon adında yaşlı bir adam vardı. Allah ona uzun bir süre önce söz vermişti: "Söz verdiğim Mesih'i kendi gözlerinle görmeden ölmeyeceksin."

Meryem'le Yusuf çocukla geldiklerinde Şimon çocuğu kollarına aldı ve şöyle dedi: "Rab, artık esenlik içinde ölebilirim, çünkü sözünü tuttun. Bütün uluslar için gönderdiğin Kurtarıcı'yı kendi gözlerimle gördüm!"

Tapınakta peygamber olan bir kadın da vardı. Adı Anna idi. Çok yaşlıydı ve sadece Rab için yaşıyordu. İsa'yı gördüğünde, Allah'a şükrederek şöyle dedi: "Bu çocuk bütün ulusları kurtaracak."

(Luka 2)

Mısır'a kaçış

Kral Hrodes, Beytlehem'de doğan kral hakkında bilge adamların söylediklerini unutmadı. Ülkesinde başka bir kral daha istemiyordu. Bu nedenle, yıldızbilimciler geri dönmeyince çocuğu öldürmeleri için askerleri gönderdi.

O zaman Allah Yusuf'a bir melek gönderdi. Melek rüyasında ona görünüp şöyle dedi: "Hemen kalk, çocuğu ve annesini alıp Mısır'a kaç. Çünkü Hrodes O'nu öldürmeyi tasarlıyor."

Yusuf hemen kalktı, çocuğu ve annesini alıp geceleyin Mısır'a doğru yola çıktı. Kral Hrodes ölene kadar orada kaldılar.

O sırada yine bir melek Yusuf'a rüyasında göründü ve şöyle dedi: "Haydi kalk, çocuğu ve annesini alıp İsrail topraklarına geri dön. Çocuğu öldürmek isteyenler artık öldü."

Böylece Yusuf ve Meryem, İsa'yla birlikte ülkelerine geri döndüler. Nasıra'ya yerleştiler. İsa orada büyüyüp gelişti.

(Matta 2)

İsa tapınağa geliyor

Yusuf'la Meryem, Fısıh Bayramı için her yıl Yeruşalim'e giderlerdi. Bu bayramın amacı, İsrailliler'e Mısır'daki atalarının kölelikten kurtarıldıklarını hatırlatmaktı.

İsa on iki yaşındayken Fısıh Bayramı için ailesiyle birlikte ilk kez Yeruşalim'e gitti. Birçok arkadaş ve akrabayla beraber yolculuk yapıyorlardı.

Bayram sona erdi. Herkes eve doğru yola çıktı. İsa ise Yeruşalim'de kaldı. Yusuf ve Meryem O'nu bulamayınca, "Akrabalarımızın yanında olmalı" diye düşündüler. O akşam her yerde O'nu aramaya başladılar. Fakat O'nu bulamayınca aramak için yeniden Yeruşalim'e gittiler.

Üç gün sonra O'nu tapınakta buldular. Yasa öğretmenleri arasında oturmuş, Allah hakkında söylediklerini dinliyordu. Onlara kendi sorularını sordu, öğretmenler O'na soru sorduklarında ise cevapları biliyordu. O'nu dinleyen herkes, zekası ve cevapları karşısında hayrete düşmüştü.

Annesi O'nu gördüğünde yanına koşup, "Oğlum neden bize bunu yaptın? Babanla ben seni arayıp durduk ve çok endişelendik!" dedi. İsa, "Beni neden arıyordunuz ki?" diye yanıtladı, "Babam'ın evinde olmam gerektiğini bilmiyor muydunuz?" Ama ne demek istediğini anlamadılar.

İsa, söz dinleyerek onlarla birlikte Nasıra'ya geri döndü. Fakat annesi İsa'nın tapınakta kendisine söylediği sözleri hiç unutmadı. İsa bedence ve akılca gelişmeye devam etti, Allah'ın ve çevresindeki insanların beğenisini kazandı.

(Luka 2)

Vaftizci Yahya

Zekeriya ve Elizabet'in oğlu Yahya da bu arada büyümüştü. Allah kendisine çöle gitmesini söylediği için çölde yaşamaktaydı. Yahya halka vaaz ediyordu, "Tövbe edin ve vaftiz olun. Allah günahlarınızı bağışlayacak!" diyordu.

Yahya'nın giysileri deve tüyündendi, deri bir kemer takıyordu. Çekirge ve yaban balı yiyordu. Allah hakkında söylediklerini duymak için Yeruşalim ve dünyanın her yerinden birçok kişi geliyordu.

Yahya onları teşvik ediyordu: "Hayatınızı değiştirin. Değiştiğinizi eylemlerinizle gösterin." İnsanlar ona soruyorlardı: "Ne yapalım?" Yahya, "İki giysisi olan birisini, hiç giysisi olmayana vermeli. Yiyeceği olan, aç olanlarla paylaşmalı" diyordu.

Birçok kişi Yahya'ya gidip günahlarını itiraf etti. Allah'ın isteğine karşı yaptıklarını anlattılar. Yahya Ürdün Irmağı'nda onları vaftiz etti. "Ben sizi suyla vaftiz ediyorum, fakat benden sonra benden çok daha büyük biri gelecek. Ben O'nun çarıklarının bağlarını çözmeye bile layık değilim. O geldiğinde, sizi Kutsal Ruh'la vaftiz edecek" dedi.

(Matta 3; Luka 3)

İsa'nın vaftizi

Bir gün İsa Ürdün Irmağı'na geldi. Yahya tarafından vaftiz edilmek istiyordu. Fakat Yahya O'nu vaftiz etmek istemedi ve şöyle dedi: "Benim senin tarafından vaftiz edilmem gerekirken, sen mi bana geldin?" Fakat İsa şöyle cevap verdi: "Allah'ın isteği bu." O zaman Yahya kabul etti ve O'nu vaftiz etti.

İsa sudan çıktığında, O'nun üzerinde gökler açıldı. Kutsal Ruh bir güvercin görünümünde O'nun üzerine geldi. O zaman göklerden bir ses duyuldu, şöyle söylüyordu: "İşte sevgili Oğlum. Benim seçtiğim O'dur."

(Matta 3)

Yahya İsa'yı göstererek şöyle dedi:

"İşte insanların günahlarını ortadan kaldıran O'dur.

İnsanları fidyeyle kurtarır.

Vaftiz olduğunda Ruh'un göklerden bir güvercin gibi üzerine indiğini gördüm.

İsa'nın Allah Oğlu olduğunu biliyorum."

(Yuhanna 1)

O zaman İsa şöyle dedi:

"Ben dünyanın ışığıyım.

Beni izleyenler karanlıkta kalmayacak, yaşam veren ışığa kavuşacak."

(Yuhanna 8)

İsa Şeytan tarafından deneniyor

İsa vaftiz olduktan sonra Allah O'nu çöle yönlendirdi. Kırk gün boyunca hiçbir şey yemedi, sonra acıktı.

Şeytan gelip O'nu ayartmaya çalıştı, "Eğer Allah'ın Oğlu'ysan, taşlara ekmek olmalarını söyle" dedi. Fakat İsa şöyle cevap verdi: "Kutsal Yazılar diyor ki, 'İnsan sadece ekmekle değil, Allah'ın ağzından çıkan her sözle yaşar.'"

O zaman Şeytan O'nu Yeruşalim'deki tapınağın en yüksek noktasına götürdü ve şöyle dedi: "Eğer Allah'ın Oğlu'ysan, kendini aşağı at, çünkü Kutsal Yazılar'da diyor ki, 'Allah seni korumak için meleklerini gönderecek.' " Fakat İsa şöyle karşılık verdi, "Kutsal Yazılar aynı zamanda, 'Allahın olan Rab'bi sınama' der."

Şeytan O'nu yüksek bir tepeye çıkardı ve tüm görkemiyle dünyanın krallıklarını gösterdi. "Benim karşımda diz çöküp bana tapınırsan bütün bunları sana vereceğim" dedi. Fakat İsa şöyle karşılık verdi: "Git başımdan Şeytan! Kutsal Yazılar bu konuda açık: 'Allahın olan Rab'be tapın ve sadece O'na kulluk et!' "

O zaman Şeytan oradan ayrıldı. Allah'ın melekleri İsa'ya hizmet etmeye geldiler.

(Matta 4)

İsa havrada

İsa Nasıra'ya döndü. Cumartesi, Şabat Günü'nde, her zamanki gibi havraya gitti. Orada Yahudiler dua edip Kutsal Yazılar'ı okuyorlardı.

İsa'ya Yeşaya kitabını verdiler. İsa yüksek sesle bu kitaptan okumaya başladı: "Allah beni yoksullara iyi haberi duyurmak, tutsaklara özgür olduklarını ilan etmek ve körlerin gözlerini açmak için gönderdi." İsa şöyle dedi: "Duyduğunuz peygamberlik bugün gerçekleşti."

Herkes O'nunla aynı fikirdeydi ve sözleri karşısında hayret ettiler.

(Luka 4)

İsa ve havarileri

İsa Nasıra'dan ayrıldı ve Celile Gölü'nün kıyısında bir balıkçı köyü olan Kefarnahum'a geçti.

Birçok kişi Allah sözünü dinlemek için O'na geldi. İsa kıyıda duruyor, kalabalıklar etrafını sarıyordu.

Kıyıya yanaşmış iki balıkçı teknesi vardı. Balıkçılar yakınlarda ağlarını yıkıyorlardı. Biri Simon Petros'tu. İsa ona şöyle dedi: "Teknene bineyim. Tekneyi kıyıdan denize doğru it, böylece halka daha rahat konuşabilirim. O zaman herkes beni görüp duyabilir." İsa balıkçı teknesinde oturdu ve oradan öğretmeye başladı. Konuşmasını bitirdiğinde Petros'a şöyle dedi: "Arkadaşlarınızla derin sulara gidin, ağlarınızı suya salın." Petros şöyle cevap verdi: "Bütün gece balık tutmaya çalıştık, hiç balık tutamadık. Ama sen söylediğin için bir kere daha deneyeceğiz." Ağlarını saldıklarında, o kadar çok balık tuttular ki, ağları yırtılmaya başladı. Diğer balıkçı teknesinden balıkçıları yardıma çağırdılar. Yakınlaştılar ve iki tekneyi de o kadar çok balıkla doldurdular ki, tekneler batmaya başladı.

Petros olanlar karşısında ürkmüştü. İsa'nın karşısında diz çöktü ve, "Rab benim teknemde olmamalısın, çünkü ben günahkar bir adamım" dedi. Çok sayıda balık tuttukları için şaşırmıştı. Diğer balıkçılar da aynı şekilde hissediyorlardı.

Fakat İsa şöyle dedi: "Korkmayın. Siz ve diğer balıkçılar benim yardımcım olacaksınız. Benimle gelip Allah'ın sevdiklerine iyi haberi götürmeme yardım edeceksiniz."

O zaman balıkçılar teknelerini kıyıya çektiler, her şeyi bıraktılar ve İsa'yı izlediler.

İsa başkalarını da yanına çağırdı. Sonunda on iki adam O'nun havarisi oldu ve her yere İsa'yla birlikte gitmeye başladılar.

(Luka 5)

Kana'daki düğün

Celile'nin bir kenti olan Kana'da bir düğün vardı. İsa ve havarileri bu düğüne davetliydi. İsa'nın annesi de oradaydı. Herkes lezzetli yiyecekler yiyip iyi şarap içiyordu ve mutluydu. Fakat ev sahibinin şarabı bitti.

Annesi İsa'ya, "Şarapları kalmadı" dedi. İsa, "Benden ne istiyorsun? Benim zamanım henüz gelmedi" diye yanıtladı.

O zaman annesi hizmetkarlara şöyle dedi: "Size söylediğini yapın."

İsa dışarı çıktı, orada altı tane boş ve büyük su testisi vardı. Hizmetkarlara, "Testileri suyla doldurun" dedi. Tepesine kadar doldurdular. İsa dedi ki: "Şimdi bir kısmını alıp şölen başkanına götürün." Şölen başkanı küplerin suyla doldurulduğunu bilmiyordu. Sadece hizmetkarlar bunu biliyorlardı. Şaraba dönüşmüş olan suyu tattı ve damada şöyle dedi: "Herkes önce iyi şarabı, sonra da kötüsünü çıkarır. Ancak sen en iyi şarabı şimdiye kadar sakladın."

Kana'daki düğünde İsa ilk mucizesini yaptı. Bu şekilde yüceliğini gösterdi ve havarileri O'na inandılar.

(Yuhanna 2)

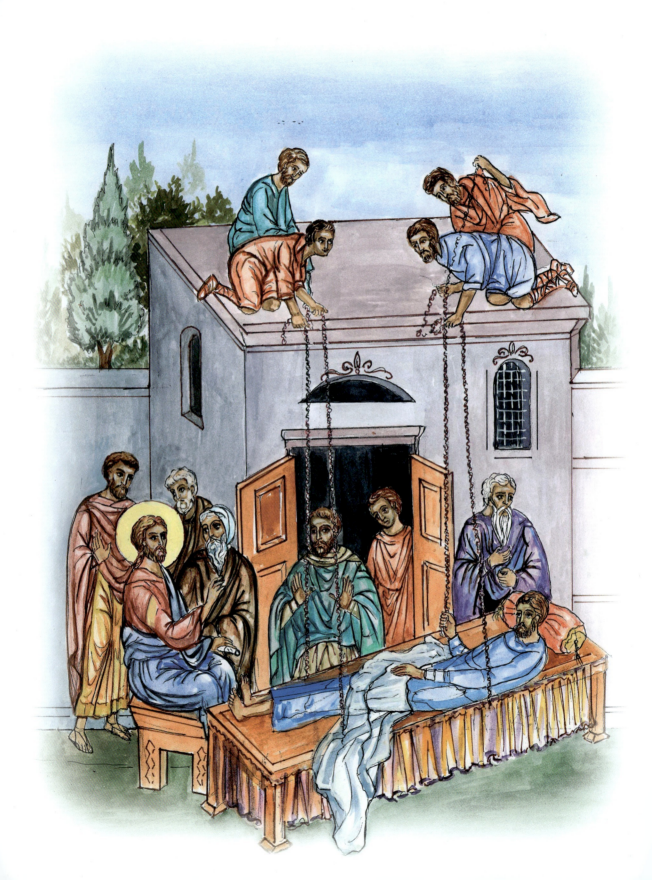

İsa felçli bir adamı iyileştiriyor

Bir gün İsa Kefarnahum'a geldi. Hangi evde olduğu haberi yayılır yayılmaz, birçok kişi orada toplandı. O kadar kalabalıktı ki, odada başka kimse için yer kalmamıştı, kapının önünde bile yer yoktu. Herkes İsa'nın Allah hakkındaki konuşmasını dinliyordu.

Dört adam bir hastayı küçük bir şiltenin üzerinde taşıyarak geldi. Adam yürüyemiyordu. Hareket bile edemiyordu, çünkü felçliydi. Önce arkadaşları onu İsa'ya getirmek istediler, ama kalabalık nedeniyle kapıdan içeri giremediler. Bu nedenle, çatıya çıkıp İsa'nın olduğu yerin üzerinde bir delik açtılar ve felçli adamın üzerinde bulunduğu şilteyi bağladıkları iplerle aşağı indirdiler.

İsa imanlarını gördüğünde felçli adama şöyle dedi: "Oğlum, günahların bağışlandı."

Orada bulunan bazı kişiler dini kuralları çok iyi biliyorlardı. İsa'nın söylediklerini duyunca şöyle düşündüler: "Böyle konuşamaz. Ancak Allah bir insanın günahlarını bağışlayabilir."

İsa akıllarından geçeni hemen anladı ve şöyle dedi: "Felçli bir adama hangisini söylemek daha kolay olurdu, 'Günahların bağışlandı' demek mi, yoksa, 'Kalk şilteni topla ve yürü' demek mi? Fakat günahları bağışlamaya yetkim olduğunu bilmenizi istiyorum." Sonra felçli adama, "Kalk, şilteni topla ve eve git" dedi. Adam o anda kalktı, şiltesini topladı ve herkesin önünde dışarı çıktı.

Herkes hayret içinde kalmış, Allah'ı yüceltiyor, "Şimdiye kadar hiç böyle bir şey görmedik!" diyordu.

(Markos 2)

İsa ve Yair'in kızı

Bir seferinde bir adam İsa'yı görmeye geldi. Adı Yair'di ve önemli biriydi. Yair İsa'nın ayaklarının dibinde diz çöktü ve O'na içtenlikle yalvardı: "Küçük kızım ölüyor. Lütfen iyileşip yaşaması için ellerini onun üzerine koy." İsa onunla birlikte kızı görmeye gitti.

Hâlâ yolda iken, Yair'in evinden bazıları onları gördü ve, "Kızın öldü. Artık İsa'yı meşgul etme" dediler. Fakat İsa Yair'e, "Korkma, sadece inan" dedi. Üç havarisi -Petros, Yakup ve Yuhanna- dışında kimsenin onunla birlikte gelmesini istemedi. Eve geldiler. İsa karışıklık olduğunu ve birçok kişinin yüksek sesle ağladığını gördü. İçeri girip, "Neden bu gürültü ve ağlayış? Kız ölmedi, sadece uyuyor!" dedi. O'na güldüler. Ama O herkesi odadan çıkardı. İsa, kızın babası, annesi ve havariler kızın olduğu odaya girdiler. İsa kızın elini tuttu ve, "Kalk!" dedi. Kız o anda kalktı ve yürümeye başladı. On iki yaşındaydı.

Odadaki herkes şok olmuştu. O zaman İsa kıza yiyecek birşeyler vermelerini istedi.

(Markos 5)

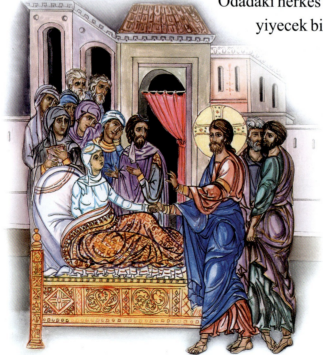

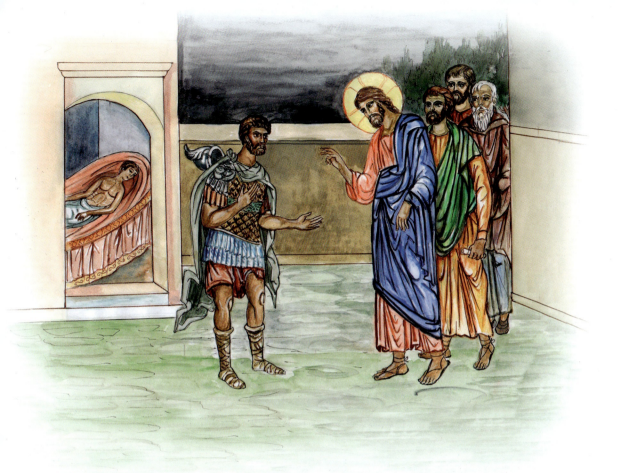

İsa ve Kefarnahum'daki yüzbaşı

İsa bir keresinde Kefarnahum'a gitti. Roma ordusundan bir yüzbaşı burada İsa'nın yanına geldi ve yalvardı: "Rab, hizmetçim evde, yatakta, hasta. Felç oldu ve çok acı çekiyor."

İsa, "Gelip onu iyileştireceğim" dedi. Fakat yüzbaşı, "Rab, evime girmene layık değilim" dedi, "Yeter ki bir söz söyle, hizmetçim iyileşir. Benim buyruğum altında birçok asker var, birine, 'Git' derim gider, ötekine, 'Gel!' derim gelir. Başkasına, 'Şunu yap!' derim yapar. Yeter ki, sen söyle, hizmetçim iyileşir."

İsa bu sözleri duyduğunda hayrete düştü ve ardından gelenlere, "Size şunu söyleyeyim, İsrail'de bile böyle bir imanı olanı görmedim" dedi.

Sonra yüzbaşıya şöyle söyledi: "Evine git, inandığın gibi olsun." Hizmetçi o anda iyileşti.

(Matta 8)

İsa ve fırtına

Başka bir zaman İsa havarileriyle birlikte Celile Gölü'ndeydi. Hava kararmaya başlayınca onlara, "Gölün karşı yakasına geçelim" dedi. Küçük bir tekneye binip karşıya geçmeye başladılar.

İsa yorgun olduğu için uyuyordu. Uyurken, gölde fırtına çıktı. Büyük dalgalar tekneye o kadar çok çarpıyordu ki, tekne suyla dolmaya başladı.

Havariler korkmuştu. İsa'yı uyandırıp, "Öğretmenimiz, boğulmak üzereyiz, hiç umursamıyor musun?" dediler. İsa hemen kalktı ve rüzgara dinmesi için buyruk verdi. Göle, "Sakin ol!" dedi. O zaman rüzgar dindi ve dalgalar yatıştı.

İsa havarilerine, "Neden bu kadar korkaksınız? Hâlâ imanınız yok mu?" diye sordu.

O zaman havariler büyük bir hayranlıkla birbirlerine, "Bu adam kim ki, rüzgar da, göl de O'nun sözünü dinliyor?" dediler.

(Markos 4)

İsa ve Yahya

Vaftizci Yahya, Kral Hrodes tarafından tutuklanıp hapse atılmıştı. Kral Yahya'ya çok kızgındı, çünkü Yahya kralın kötü şeyler yaptığını söylemişti. Yahya hapisteyken, İsa'nın Allah hakkında konuştuğunu ve hastaları iyileştirdiğini duymuştu. İki öğrencisini O'na gönderip, "Beklenen Mesih sen misin, yoksa başka birini mi bekleyelim?" diye sordu.

İsa şöyle cevap verdi: "Yahya'ya gidin, duyup gördüklerinizi anlatın. Körlerin gözleri açılıyor, felçliler artık yürüyor, ölüler diriliyor ve yoksullar müjdeyi kabul ediyor. Ne mutlu bana güvenenlere."

Hrodes, insanlarla konuşamasın diye Yahya'yı uzun bir süre hapiste tuttu. Daha sonra, Yahya'nın başını kesmeleri için askerlerini gönderdi.

(Matta 11-14)

Dağdaki Vaaz

Allah hakkında söylediklerini duymak istedikleri için birçok kişi İsa'ya geldi. İsa dağa çıkıp kendisini dinleyenlere öğretmeye başladı. Onlara, Allah'ın insanlardan nasıl yaşamalarını istediğini anlatıyordu.

Düşmanlarınızı sevin

İsa şöyle başladı: " 'Komşunu kendin gibi sev' buyruğunun verildiğini duydunuz. Ama ben size, düşmanlarınızı sevin diyorum. Size zulmetmek isteyenler için dua edin. Bu şekilde, göksel Pederiniz olan Allah'ın çocukları olduğunuzu gösterirsiniz. Allah güneşini hem iyi hem de kötü insanlar üzerine doğurur. Yağmurunu hem doğruların hem de kötülerin üzerine yağdırır. Sadece sizi sevenleri severseniz, Allah sizi neden ödüllendirsin? Sadece arkadaşlarınıza iyi davranırsanız, o zaman sizinle başka insanlar arasında nasıl bir fark olacak? O zaman Allah'ı tanımayanlardan ne farkınız olur?"

(Matta 5)

Gerçek dua

İsa şöyle devam etti: "Dua ettiğinizde, başkalarının görmesi için herkesin önünde kalkıp dua edenler gibi olmayın. Dua etmek istediğiniz zaman, evinizin özel odasına girin, kapıyı kapatın ve göksel Pederiniz'e dua edin. O sizin gizli işlerinizi bile görebilir."

"Allah göksel Pederiniz'dir. Daha siz O'ndan istemeden önce neye ihtiyaç duyduğunuzu bilir. Bu nedenle dua ettiğinizde, söz kalabalığı yapmayın. İşte böyle dua etmelisiniz:

Göklerdeki Pederimiz, adın kutsal kılınsın.

Egemenliğin gelsin, gökte olduğu gibi, yeryüzünde de senin isteğin gerçekleşsin.

Bugün bize gündelik ekmeğimizi ver;

Bize karşı günah işleyenleri bağışladığımız gibi

Sen de bizim suçlarımızı bağışla;

Ayartılmamıza izin verme;

Bizi kötü olandan kurtar."

(Matta 6)

Hayatın dertleri

İsa şöyle dedi: "Hayatınız konusunda endişelenmeyin; ne yiyeceğinizi, ne içeceğinizi, ne giyeceğinizi düşünmeyin. Kuşlara bakın. Onlar ne eker, ne biçer, ne de ambarlarda yiyecek biriktirirler. Yine de, göksel Pederiniz onları besler. Siz onlardan çok daha değerli değil misiniz?"

"Neden ne giyeceğiniz konusunda bu kadar kaygılanıyorsunuz? Kır çiçeklerinin nasıl büyüdüğüne bakın. Onlar hiç çalışmıyorlar. Ama size şunu söyleyeyim, tüm görkemine karşın, Süleyman bile bunlardan biri gibi giyinmemişti. Fakat Allah, ateşe atılacak olan kır zambaklarını bile bu kadar güzel bir şekilde giydirirse, sizi de giydireceği kesin değil mi?"

"Göksel Pederiniz ihtiyacınızın ne olduğunu çok iyi bilir. Bu nedenle önce Allah'ın Egemenliği'ni arayın, bütün diğer şeyler de verilecektir."

(Matta 6)

Allah'a güvenin

İsa şöyle devam etti: "İsteyin, istediğinizi alacaksınız; arayın, aradığınızı bulacaksınız; kapıyı çalın, kapı size açılacak."

"Çocuğunuz sizden ekmek isterse, ona taş verir miydiniz? Ya da balık isterse, ona yılan verir miydiniz? Siz nasıl çocuklarınıza iyi şeyler vermeyi biliyorsanız, göksel Pederiniz de, isteyenlere daha fazla iyi şeyler verir."

(Matta 7)

İki ev benzetmesi

İsa konuşmasını şu sözlerle tamamladı: "Sözlerimi işiten ve yerine getiren evini kaya üzerine bina eden adama benzer. Yağmur yağar, ırmak taşar ve rüzgar eser, fakat ev kaya üzerine yapıldığı için yıkılmaz."

"Fakat sözlerimi işitip dinlemeyen kişi evini kum üzerine bina eden akılsız adam gibidir. Yağmur yağar, seller akar, rüzgar eser, evi sarsar. Ev yıkılır ve arkasında hiçbir şey kalmaz."

(Matta 7)

İsa çocukları kutsuyor

İsa öğretirken, kutsaması için yanına çocukları getirdiler. Fakat havariler, çocukları getirdikleri için yetişkinleri azarladılar. İsa bunu görünce üzüldü ve şöyle dedi: "Bırakın çocuklar bana gelsin. Onlara engel olmayın, çünkü Allah'ın Egemenliği böylelerinindir. Allah'ın Egemenliği'ni bu çocuklardan biri gibi kabul etmeyen, Allah'ın Egemenliği'ne giremez." Çocukları kucağına aldı ve ellerini başlarına koyarak onları kutsadı.

(Markos 10)

En büyük kim?

Havariler aralarında kimin en büyük olduğunu öğrenmek istiyorlardı. İsa ne düşündüklerini biliyordu. Bir çocuğu göstererek, "Bu çocuğu benim adımda kim kabul ederse, beni kabul etmiş sayılır" dedi, "Beni kabul eden, beni dünyaya göndereni kabul etmiş sayılır; yani göksel Peder'i. Unutmayın, aranızda en alçakgönüllü olan en büyüktür."

(Luka 9)

İsa ve Şabat Günü

Haftanın son günü olan Cumartesi, Şabat Günü'ydü. O gün İsrailliler çalışmazdı. Allah dünyayı yarattığında, yedinci günü dinlenme günü olarak belirlemişti, bu nedenle Şabat Günü'nde kimse çalışmamalıydı.

İsa'yla havarileri başak tarlaları boyunca yürüyorlardı. Yürürken havariler acıktı ve başakları kopararak tohumları yemeğe başladı.

Orada, kendilerine Ferisiler denilen ve kendilerinin herkesten daha iyi olduklarına inanan kişiler vardı. Bazıları havarilerin ne yaptığını görüp İsa'ya, "Bak, havarilerin Şabat Günü ne yapıyor! Başakları topluyorlar. Bu çalışma sayıldığı için Şabat Günü bunu yapmaları yasak" dediler.

İsa şöyle cevap verdi: "Kral Davut ve adamlarının aç olduğu zamanla ilgili Kutsal Yazılar'ı hiç okudunuz mu? Davut Allah'ın evine girdi ve Allah'a sunulmuş ekmeklerden yedi. Bu yasaktır. Sadece kâhinlerin bu ekmeklerden yemelerine izin verilir. Fakat Davut yedi ve adamlarına da ekmekten verdi. İnsanın Şabat Günü için değil, Şabat Günü'nün insanlar için yaratıldığını unutmayın."

İsa, Şabat Günü insanların dua etmek için gittikleri havraya gitti. Ferisiler'den bazıları İsa'nın orada olmasından hoşlanmadılar. İsa'nın öğretişlerini beğenmiyorlardı. O'nun kötü duruma düşmesini istedikleri için yaptığı her şeyi dikkatle izlediler. Yasak olan bir şey yapmasını ve başının derde girmesini bekliyorlardı.

Havrada felçli olduğu için elini hareket ettiremeyen bir adam vardı. İsa adama, "Kalk, öne çık" dedi. Sonra Ferisiler'e sordu: "Şabat Günü, iyilik yapmak mı, kötülük yapmak mı doğru? Can kurtarmak mı, can almak mı?" Kimse cevap vermedi. İsa öfkelendi. Yüreklerinin duyarsızlığına üzülmüştü. Adama, "Elini uzat" dedi. Adam elini uzattı ve iyileşti.

Sonra Ferisiler oradan ayrıldı. İsa'dan kurtulmak istedikleri için, O'nu nasıl öldüreceklerini planlamak üzere bir toplantı yaptılar.

(Markos 2-3)

İyi Samiriyeli

İsa bir gün bu hikayeyi anlattı:

Yeruşalim'den Eriha'ya giden bir adam vardı. Yolda adama hrsızlar saldırdı. Adamı dövdüler, her şeyini aldılar ve onu yolda yarı ölü bir halde bıraktılar.

Yeruşalim tapınağından bir kâhin de aynı yoldan geçiyordu. Yaralı adamı gördü, ama hiçbir şey yapmadan yoluna devam etti.

Daha sonra, tapınaktan bir hizmetkar aynı yoldan geçiyordu. O da yaralı adamı gördü, ama yardım etmeden oradan uzaklaştı.

Sonra Samiriye'den bir adam geldi. Yeruşalim'de yaşayan insanlar, Samiriyeliler'i sevmezlerdi; aslında Samiriyeliler'den nefret ederler ve onları aşağılarlardı.

Fakat bu Samiriyeli, yaralı adamı fark ettiğinde, ona acıdı. Yanına gitti, adamın yaralarını yıkadı, sardı. Sonra adamı kendi eşeği üzerine bindirip en yakındaki hana götürdü. Odasının ücretini ödedi ve adama baktı.

Ertesi gün Samiriyeli'nin yolculuğu nedeniyle oradan ayrılması gerekti. Hancıya iki gümüş para verdi, "Bu adama iyi bak, daha fazla harcaman gerekirse, geri döndüğümde sana öderim" dedi.

İsa bu hikayeyi bitirdiğinde, "Samiriyeli size örnek olsun. Siz de aynısını yapmalısınız" dedi.

(Luka 10)

Allah herkesi kurtarmak istiyor

İsa'nın birçok arkadaşı vardı. Bunların arasında Ferisiler'in hor gördüğü günahkâr insanlar da vardı. Fakat İsa, Allah'ın herkesi sevdiğini ve O'na geldiklerinde sevindiğini bildiği için kimseyi reddetmezdi.

Ferisiler İsa'nın günahkârlarla oturduğunu görünce öfkelendiler. "İsa'nın bu insanlarla dost olması mümkün mü? Bu kabul edilemez!" dediler.

İsa onları duyduğunda, cevap vermek için şu hikayeleri anlattı:

Kaybolan koyun

Bir adamın yüz koyunu vardı. Onları her akşam sayardı. Bir gece birinin eksik olduğunu fark etti. Kayıp olan bir koyunu aramak için doksan dokuzunu ağılda bıraktı.

Adam her yere baktı. Koyununu bulmanın ne kadar zor olduğunu düşünmedi bile. Sonunda onu buldu. Çok sevindi! Koyunu omuzlarına alıp eve getirdi. Arkadaşlarını ve komşularını çağırdı, "Benimle birlikte siz de sevinin, çünkü kayıp olan koyunumu buldum" dedi. İsa dinleyenlere şunu söyledi: "Allah da, kendisinden uzaklaşıp sonra geri dönen kişiler için aynı şekilde sevinir."

(Luka 15)

Kaybolan para

Bir zamanlar on gümüş parası olan bir kadın vardı. Bir gün bunlardan birini kaybetti. Kandil yakıp evin her yerini aramaya başladı, her yere dikkatle bakıyordu. Sonunda parayı buldu. Sonra arkadaşlarını ve komşularını çağırdı, "Benimle birlikte sevinin, çünkü kaybettiğim gümüş paramı buldum!" dedi.

İsa yine kendisini dinleyenlere şöyle dedi: "Size söz veriyorum, aynı şekilde Allah'ın melekleri de Allah'a dönüp yeni bir yaşama başlayanlar için sevinç duyacaklar."

(Luka 15)

Kaybolan oğul

İsa üçüncü bir hikaye anlattı:

Bir adamın iki oğlu vardı. Genç olanı babasına, "Baba, mallarının daha sonra bana ait olacak kısmını şimdiden bana ver" dedi. Baba mallarını oğulları arasında paylaştırdı. Birkaç gün sonra küçük oğlu her şeyini toplayıp uzak bir ülkeye gitti. Orada her şeyi har vurup harman savurdu ve bütün parasını bitirdi.

Elinde bir şey kalmadığında, ülkeyi kıtlık sardı. Kimsenin yiyecek bir şeyi kalmamıştı. Genç adam çok aç olduğu için, uzak ülkede bir çiftçi için çalışmaya başladı. İşi tarlalarda domuzlara bakmaktı. Domuzların yiyeceğini yiyebilseydi bile mutlu olurdu, ama kimse ona yemek vermedi.

Sonunda aklı başına geldi ve, "Babamın işçilerinin fazlasıyla yiyeceği var, oysa ben burada açlıktan ölüyorum!" dedi, "Kalkıp babamın yanına gideceğim, ona, 'Baba, Allah'a ve sana karşı günah işledim. Artık senin oğlun olarak anılmaya layık değilim. İşçilerinden biri gibi çalışayım' diyeceğim."

Sonra babasının yanına doğru yola çıktı. Daha uzaktayken babası onu gördü. Oğluna acıdı, ona sarılmak, onu öpmek için yanına koştu. Sonra oğlu ona şöyle dedi: "Baba, Allah'a ve sana karşı günah işledim, senin oğlun olmaya layık değilim." Fakat daha fazla konuşmaya devam edemeden babası uşaklarına döndü ve şöyle dedi: "Çabuk, en iyi giysileri getirip oğluma giydirin. Parmağına yüzük takın ve ayaklarına çarık giydirin. En iyi buzağıyı alın ve kesip hazırlayın. Kutlama yapacağız. Ölmüş olan oğlum, hayata döndü. Kaybolmuştu, bulundu!" Kutlama bu şekilde başladı.

Büyük oğlu tarlada çalışmaktaydı. Eve döndüğünde müzik ve dans seslerini duydu. Hizmetkârlardan birine neler olduğunu sordu. Hizmetkâr ona şöyle dedi: "Kardeşin döndü, hayatta olduğuna sevinen baban kutlama için en iyi buzağıyı kesti."

Ağabey o kadar öfkelenmişti ki, eve girmek istemedi. Babası yanına gelip içeri girmesi için yalvardı, fakat o şöyle dedi: "Bütün bu yıllar boyunca senin için çalıştım ve her zaman sana itaat ettim, ama bana hiçbir zaman arkadaşlarımla eğlenmem için bir oğlak bile vermedin. Fakat şimdi, senin paranı har vurup harman savuran oğlun geri geldi ve en iyi buzağını onun için kestin."

Ne var ki, babası şöyle karşılık verdi: "Oğlum sen her zaman yanımdaydın ve benim sahip olduğum her şey zaten senin. Fakat kardeşin ölmüştü, şimdi hayata döndü; kayıptı, bulundu. Bunun için sevinip kutlamalıyız."

(Luka 15)

İsa beş bin kişiyi doyuruyor

İsa'nın gittiği her yerde kalabalıklar onu izliyordu. Hastaları iyileştirdiğini gördükleri ve söyleyeceklerini duymak istedikleri için peşinden gidiyorlardı. Bir gün İsa'yı izleyerek Celile Gölü yakınlarında kendilerine uzak bir kırsal bölgeye gittiler.

Akşam olmuştu. İsa uzunca bir süredir öğretmekte ve hastaları iyileştirmekteydi. Havariler İsa'nın yanına gelip şöyle dediler: "Bulunduğumuz yer, her yere çok uzak ve saat çok geç oldu. Halkı bırak da köylere gidip yiyecek birşeyler alsınlar."

Fakat İsa şöyle cevap verdi: "Gitmelerine gerek yok. Neden siz onlara yiyecek birşeyler vermiyorsunuz?" O zaman havariler, "Bizde beş ekmek ve iki balıktan başka bir şey yok ki" dediler. İsa yiyecekleri kendisine vermelerini istedi ve halka oturmalarını söyledi.

İsa gökyüzüne baktı, beş ekmek ve iki balığı ellerine aldı ve bereketledi. Ekmeği ve balığı böldü ve havarilere verdi. Havariler de yiyecekleri halka dağıttı. Hepsi istedikleri kadar yediler. Sonra da havariler on iki sepet kadar artmış yemek topladılar. Kadınlar ve çocuklar hariç, İsa yaklaşık olarak beş bin adamı doyurmuştu.

(Matta 14)

İsa su üzerinde yürüyor

Bu olaydan kısa bir süre sonra, İsa dua etmek üzere dağa çıktı. Havarilerini de gölün karşı kıyısına gönderdi. Akşam olduğunda İsa hâlâ oradaydı. Havarilerin teknesi gölün ortasındaydı ve rüzgara karşı yol aldığı için dalgalarla boğuşuyordu.

Şafak vakti, İsa su üzerinde yürüyerek yanlarına geldi. Havariler İsa'yı gördüklerinde korkuya kapıldılar. O'nun bir hayalet olduğunu sandılar ve bağırmaya başladılar. Fakat İsa onlara şöyle dedi: "Cesur olun, benim; korkmayın!"

Petros şöyle dedi: "Rab, gerçekten sensen, o zaman suyun üzerinde sana doğru yürüyebilmem için buyruk ver." İsa, "Gel" dedi. O zaman Petros tekneden çıkıp suyun üzerinde İsa'ya doğru yürümeye başladı.

Fakat Petros rüzgarın ne kadar kuvvetli ve dalgaların ne kadar güçlü olduğunu görünce, korktu. O anda, batmaya başladı ve şöyle bağırdı: "Rab, kurtar beni!" İsa elini uzattı ve onu yakaladı, "Neden imanın bu kadar az? Neden kuşkuya düştün?" dedi.

Tekneye biner binmez rüzgar dindi. Teknedeki havariler gelip İsa'ya tapındılar, "Sen gerçekten de Allah'ın oğlusun!" dediler.

(Matta 14)

İsa hastaları iyileştiriyor

İsa'yla havarileri gölü geçip Gerasalılar'ın bölgesine vardılar. Tekneden indiklerinde insanlar İsa'yı tanıdı. Hemen çevreye koşup şilteleri üzerindeki hasta insanları İsa'nın olduğu yere getirdiler. İsa'nın gittiği her yerde, köylerde, kentlerde, hastaları O'na getirdiler ve giysisine dokunmalarına izin vermesi için yalvardılar. O'na dokunan herkes iyileşiyordu.

(Markos 6)

Yaşam ekmeği

Halk İsa'nın kendilerini ekmek ve balıkla nasıl beslediğini hatırladı. Su üzerinde yürüdüğünü duydular. Her yere İsa'nın peşinden gidiyor, daha fazla mucize yaptığını görmek istiyorlardı.

Fakat İsa onlara şöyle dedi: "İhtiyacınız olan ekmeği yediniz, çünkü açtınız. Fakat bu mucizenin Allah'tan bir armağan olduğunu anlamıyorsunuz. Allah sadece sıradan yiyeceğe sahip olmanızı istemiyor. Sonsuz yaşam için kalıcı olan yiyeceği de yemenizi istiyor."

Halk, "O halde ne yapalım?" diye sordu.

İsa şöyle cevap verdi: "Allah sizden tek bir şey ister. Bana güvenin ve Allah'ın beni gönderdiğine inanın!"

Sonra şöyle dediler: "Seni Allah'ın gönderdiğini gösteren bir belirti göster bize! Bizim için bir mucize gerçekleştir! İsrailliler çöldeyken, göklerden gelen ekmek olan manı yediklerini hatırlıyoruz!"

İsa şöyle cevap verdi: "Allah size daha fazlasını da verebilir. Size yaşam veren ekmeği verir."

"Rab, bize bu ekmeği ver!" diye yalvardılar. İsa şöyle karşılık verdi: "Bu ekmek, yaşam ekmeği benim. Bana gelen aç kalmayacak ve bana inanan hiçbir zaman susamayacak. Bana gelen hiçbir zaman geri çevrilmeyecek."

(Yuhanna 6)

Büyük şölen

İsa, Allah'ın kimleri davet ettiğini ve daveti kimlerin kabul ettiğini göstermek istiyordu. Bunun için şu hikayeyi anlattı:

Adamın biri büyük bir şölen hazırlayıp birçok konuk çağırdı. Akşam yemeği zamanı geldiğinde, davetlilere, "Gelin, her şey hazır" demesi için hizmetkârını gönderdi.

Davetliler mazeret ileri sürmeye başladılar. Birincisi, "Tarla aldım, gidip onu görmem lazım. Gelemem" dedi. Başka biri, "Beş çift öküz aldım, gidip onlara bakmam lazım. Gelemem" dedi. Yine başka biri, "Bugün evlendim, gelemem" dedi.

Hizmetkâr gidip bunları efendisine anlattı. Efendisi kızdı ve hizmetkârına şöyle dedi: "Çabuk, kentin caddelerine, sokaklarına çık ve yoksul, kötürüm, kör, sakat, kim varsa buraya getir." Hizmetkâr geri geldiğinde, "Efendim, söylediğini yerine getirdim, ama masada hâlâ yer var" dedi. O zaman, efendi hizmetkârına, "Kırlara git, bulabildiğin herkesi getir ve evimi doldur. İlk çağrılanlardan biri bile yemeğimi tatmayacak" dedi.

(Luka 14)

"Sen İsa'sın"

İsa havarilerine bir seferinde, "İnsanlar benim kim olduğumu söylüyorlar?" diye sordu.

Havariler şöyle cevap verdi: "Bazıları Vaftizci Yahya olduğunu söylüyorlar. Bazılarıysa, dirilen İlyas peygamber olduğunu söylüyorlar. Başkaları, eski peygamberlerden biri olduğunu düşünüyorlar."

O zaman İsa havarilerine, "Peki siz kim olduğumu düşünüyorsunuz?" diye sordu.

Simon Petros şöyle cevap verdi: "Sen Mesih'sin. Yaşayan Allah'ın Oğlu İsa."

İsa ona şöyle dedi: "Simon, bu gerçek sana insanlar tarafından değil, Allah tarafından açıklandığı için ne mutlu sana. Sana 'kaya' anlamına gelen Petros ismini veriyorum. Kilisemi bu kaya üzerine kuracağım ve hiç kimse onu yenemeyecek."

(Matta 16)

Allah İsa'nın kim olduğunu gösteriyor

İsa, Petros, Yakup ve Yuhanna kardeşlerle birlikte yüksek bir dağa çıktı.

Onların gözlerinin önünde İsa'nın görünümü değişti. Yüzü güneş gibi parladı ve giysileri ışık gibi bembeyaz oldu. Sonra İsa'yla konuşan iki adam göründü. Bunlar Musa'yla İlyas'tı.

Petros İsa'ya şöyle dedi: "Rab, burada olmamız iyi oldu! Dilersen, burada üç çardak kurayım: Biri senin için, biri Musa ve biri İlyas için."

Petros daha konuşurken, parlak bir bulut üzerlerine geldi ve buluttan gelen bir ses, "Sevgili Oğlum budur. O'ndan hoşnudum. O'nu dinleyin" dedi.

Havariler bunu duyduklarında dehşete kapıldılar, yüzüstü yere kapandılar. İsa yanlarına gelip hafifçe dokundu ve şöyle dedi: "Kalkın, korkmayın." Gözlerini kaldırdıklarında, İsa'nın yeniden yalnız olduğunu gördüler.

Dağa gittiklerinde İsa, "Ben ölümden dirilene kadar gördüklerinizi kimseye anlatmayın" dedi.

(Matta 17)

Havarilerden ikisi en iyi yeri istiyor

Bir gün Yakup'la Yuhanna İsa'ya, "Öğretmenimiz, senden istediğimiz bir şey var" dediler.

"Sizin için ne yapmamı istiyorsunuz?" diye sordu İsa. Onlar da, "Tüm görkeminle geldiğinde birimiz senin sağında, birimiz de solunda otursun" dediler.

Diğer havariler bunları duyduklarında, Yakup'la Yuhanna'ya kızdılar. O zaman İsa on iki havarisini biraraya topladı ve onlara şöyle dedi: "Bu dünyada kralların halklarına karşı zalim olduklarını ve kötü davrandıklarını biliyorsunuz. Siz öyle yapmamalısınız. Büyük olmak istiyorsanız, insanlara hizmet etmelisiniz. En iyi yere sahip olmak isteyen diğerlerinin hizmetkârı olsun. Ben hizmet edilmeye gelmedim. İnsanlara hizmet etmek ve hayatımı onlar için vermek amacıyla geldim."

(Markos 10)

İyi Çoban

İsa, havarilerinin Allah'ın kendisini neden gönderdiğini anlamalarına yardımcı olmak için şu hikayeyi anlattı: "Allah halkı bir koyun sürüsü gibidir. Tanıdıkları ve güvendikleri bir çobanları olunca kendilerini güvende hissederler. Kapıdan girmeyip çitin üzerinden geçen kişi ise hrsızdır. Çoban kapıdan girer. Nöbetçi onun için kapıyı açar ve koyunları onun sesini tanırlar. Çoban da koyunlarının hepsini tanır ve her birini adıyla çağırır. Onlar da onu izlerler. Ama bir yabancıyı asla izlemezler."

Havariler ne dediğini anlamadılar. İsa şöyle dedi: "Ben iyi çobanım. Bana ait olan koyunları tanırım, koyunlarım da beni tanır. Onları hiçbir zaman terk etmem. Koyunlarım bana itaat eder. Her birini tanırım. Onlar da beni izlerler."

İsa'yı dinleyen Yahudiler, onlara anlatmaya çalıştıklarını anlamadılar. Bazıları, "Aklını kaçırmış olmalı! Neden O'nu dinliyorsunuz?" dediler. Fakat başkaları, "Bunlar aklını kaçırmış bir adamın sözleri değil. Deli bir adam nasıl mucize yapabilir?" dediler.

(Yuhanna 10)

İsa on hastayı iyileştiriyor

İsa bir köye doğru yürürken kendisini on adam karşıladı. Adamlar korkunç bir deri hastalığı olan cüzzam hastasıydılar. Bu nedenle köyde yaşamalarına izin verilmiyordu. Cüzzamlılar uzakta durup yüksek sesle, "İsa, Efendimiz, bize merhamet et ve bizi iyileştir!" dediler.

İsa onları görüp şöyle dedi: "Kâhinlere gidin ve onlara sağlıklı olduğunuzu gösterin." Sadece kâhinler onların köyde yeniden yaşamalarına izin verebileceği için bunu söyledi.

Kâhinleri görmek için yola çıktıklarında, on adam da iyileşti. Biri, Samiriyeli olan adam, iyileştiğini görünce, Allah'ı yücelterek İsa'nın yanına koştu. İsa'nın ayaklarına kapanıp O'na teşekkür etti.

O zaman İsa şöyle dedi: "Onunuz da iyileşmemiş miydiniz? Diğer dokuzu nerede? Bu yabancı dışında kimse Allah'ı yüceltmek için geri dönmedi mi?"

O zaman Samiriyeli'ye şöyle dedi: "Kalkıp gidebilirsin. İmanın seni kurtardı."

(Luka 17)

İsa kör dilenciyi iyileştiriyor

İsa'yla havarileri Eriha Kenti civarında yürüyorlardı. Yanlarında pek çok insan onları izliyordu. Yolun kenarında, Bartimay adında kör bir dilenci oturmaktaydı.

Kör adam İsa'nın o tarafa geldiğini duyunca, yüksek sesle bağırmaya başladı: "İsa, bana yardım et!" Birçok kişi onu susturmaya çalıştı, ama adam daha da yüksek sesle bağırmaya başladı: "İsa, bana yardım et!"

İsa onu duydu, "Çağırın onu" dedi. Kör adamı çağırdılar, "Korkma! Hadi gel! Seni çağırıyor" dediler. Bartimay, abasını üzerinden attı, fırlayıp İsa'nın yanına geldi.

İsa, "Senin için ne yapmamı istiyorsun?" diye sordu. "Rab, yeniden görmek istiyorum" dedi kör adam. İsa da, "Git, imanın seni iyileştirdi" dedi. Adam o anda görmeye başladı ve İsa'nın ardından gitti.

(Markos 10)

İsa Zakkay'ı ziyaret ediyor

Zakkay Eriha'da yaşayan bir vergi görevlisiydi. Toplaması gerekenden daha fazla para toplayıp kendisine saklayarak zengin olmuştu. Herkes bunu biliyordu, ama bu konuda bir şey yapamıyorlardı.

Bir gün Zakkay İsa'nın kentte olduğunu duydu ve O'nu görmek istediğine karar verdi. Çok kısa boylu olduğu ve bulundukları yer çok kalabalık olduğu için hiçbir şey göremiyordu. Fakat Zakkay yılmadı. Aklına bir fikir geldi. Hemen oradaki yabanıl incir ağacına tırmandı. Oradan İsa'yı kolayca görebilecekti. İsa geldiğinde, Zakkay'ın ağaçta olduğunu fark etti. "Zakkay, çabuk aşağı in! Bugün senin evinde kalmam gerekiyor" dedi.

Zakkay hemen aşağı indi. İsa'yı evine götürdü ve O'nu büyük bir sevinçle ağırladı. Eriha'da bunu görenlerin hepsi söylenmeye başladı: "Zakkay bir günahkâr. İsa onun evinde kalmamalı!"

Fakat Zakkay İsa'ya şöyle dedi: "Açgözlülük ettim. Toplamam gerekenden daha fazla para topladım. Doğrusunu yapmak istiyorum. Bu nedenle, sahip olduklarımın yarısını yoksullara vereceğim. Ödemesi gerekenden fazlasını ödemiş olan herkese de, dört katı fazlasını vereceğim!"

O zaman İsa, "Bugün senin ve ailen için mutlu bir gün" dedi, "Düşünce ve yaşam biçimini değiştirmenden ötürü Allah seviniyor. Ben günahkârları bulup kurtarmaya geldim."

(Luka 19)

Meryem ve Marta

İsa yolculukları sırasında Beytanya Köyü'ne geldi. Burada Marta adında bir kadın, kızkardeşi Meryem'le birlikte İsa'yı evlerine davet ettiler. İsa oradayken, Meryem İsa'nın ayaklarının dibinde oturdu ve öğretişlerini dinledi. Marta ise mutfağa gitti. Güzel bir yemek yaparak İsa'yı etkilemek istediği için çok işi vardı.

Marta Meryem'in gelip kendisine yardım etmesini bekliyordu, ama Meryem, İsa'nın yanında kalmaya devam etti. O zaman Marta kardeşini İsa'ya şikayet etti: "Rab, kardeşimin yemek hazırlığı ve servisi konusunda beni yalnız bırakmış olmasına aldırmıyor musun? Bana yardım etmesini söyle."

Fakat İsa şöyle cevap verdi: "Marta, Marta, çok fazla şey için kaygılanıp kızıyorsun. Gerekli olan tek bir şey var. Meryem en iyi olanı seçti; sözlerimi işitti ve bunları yüreğinde sakladı. Kimse bu sözleri artık ondan alamaz."

(Luka 10)

Lazar

İsa Marta, Meryem ve kardeşleri Lazar'ı severdi. Lazar çok hastalandığında, kardeşleri İsa'ya, "Rab, arkadaşın çok hasta" diye haber gönderdiler.

İsa bu haberi aldığında, "Bu hastalık ölüm getirmeyecek. Aksine Allah'ın yüceliği görülecek" dedi.

İki gün sonra İsa, Marta, Meryem ve Lazar'ın yaşadığı Beytanya'ya geri dönmeye karar verdi. Lazar'ın durumu iyileşmemişti. Aslında ölmüştü. İsa köye vardığında dört gündür mezardaydı.

Marta ve Meryem'i teselli etmek için birçok arkadaşları gelmişti. İsa'nın geleceğini duyduklarında, Meryem evde kalırken, Marta İsa'yı karşılamak için yola çıktı. O sırada Marta İsa'ya, "Rab, burada olsaydın, kardeşim ölmezdi. Ama şu anda bile Allah'ın sana istediğin her şeyi verebileceğine inanıyorum" dedi. İsa ona, "Kardeşin tekrar yaşayacak," dedi. Marta şöyle karşılık verdi: "Bütün ölüler dirildiğinde, onun da dirileceğini biliyorum."

O zaman İsa, "Diriliş ve yaşam benim. Bana iman eden herkes yaşayacak, asla ölmeyecek. Buna inanıyor musun?" diye sordu.

Marta, "Evet, Rab. Allah'ın vaat ettiği Kurtarıcı'nın sen olduğuna inanıyorum. Sen Allah'ın Oğlu'sun" diye cevap verdi.

Marta eve geri döndü ve Meryem'e İsa'nın geldiği haberini verdi. Meryem kalktı ve O'nu karşılamaya gitti. Arkadaşları da onunla

birlikteydiler. Meryem İsa'yı gördüğünde, ayaklarının dibinde diz çöktü, "Rab, burada olsaydın, kardeşim ölmezdi" dedi.

İsa Meryem'in ağladığını gördüğünde çok üzüldü ve, "Onu nereye koydunuz?" diye sordu. İsa'yı oraya getirdiler; bir mağaraydı, girişine devasa bir kaya konulmuştu. O zaman İsa da ağlamaya başladı, "Taşı çekin" dedi. Gözlerini göklere kaldırdı ve dua etti: "Peder, beni duyduğun için sana teşekkür ediyorum. Beni her zaman duyduğunu biliyorum. Fakat buradaki herkesin, beni senin gönderdiğine inanması için bunu söyledim." Sonra yüksek sesle şöyle söyledi: "Lazar, çık dışarı!" Ve ölü Lazar dışarı çıktı. Ayakları ve elleri bezlerle sıkı sıkıya bağlanmıştı ve yüzü örtülüydü. Tıpkı mağaraya koydukları zamanki gibi görünüyordu. "Çözün onu, bırakın gitsin " dedi İsa.

Birçok insan İsa'nın yaptıklarını gördü ve bu nedenle O'na inandılar.

(Yuhanna 11)

Meryem İsa'yı meshediyor

Fısıh Bayramı'ndan birkaç gün önce İsa Beytanya'ya geldi. Marta, Meryem ve Lazar, İsa'yla havarilerini akşam yemeği için evlerine davet ettiler. Marta misafirlere hizmet ediyordu. Lazar da oradaydı.

Sonra Meryem çok pahalı bir parfümle dolu küçük bir şişeyi aldı ve İsa'nın ayaklarına döktü. Sonra da ayaklarını uzun saçlarıyla sildi. Parfümün kokusu evi doldurdu.

On iki havariden biri, Yahuda İskariot, "Bu parfüm neden üç yüz gümüş karşılığında satılıp parası yoksullara verilmedi?" diye sordu.

O zaman İsa, "Onu rahat bırakın. Bunu benim gömüleceğim gün için yaptı. Yoksullar her zaman yanınızda olacak. Oysa ben her zaman yanınızda olmayacağım" dedi.

(Yuhanna 12)

İsa'nın Yeruşalim'e girişi

İsa ve havarileri Yeruşalim'e doğru gidiyorlardı. Kentin yakınlarına geldiklerinde İsa havarilerinden ikisine, "Şuradaki köye gidin. Orada henüz binilmemiş bir sıpa bulacaksınız. Bağını çözün ve buraya getirin. Biri size neden bunu yaptığınızı sorarsa, 'Rab'bin ihtiyacı var. Yakında geri gönderir' deyin" dedi.

İki havari köye gitti. İsa'nın söylediği gibi orada bir sıpa buldular. Orada duranlardan bazıları, "Neden sıpayı çözüyorsunuz?" diye sordular. Havariler de, "Rab'bin ihtiyacı var" dediler, onlar da almalarına izin verdiler.

Sıpayı İsa'ya getirdiler ve üzerine rahatça oturabilmesi için sıpanın üzerine bez parçaları koydular. Orada bulunan birçok kişi yola giysilerini

ve ağaçlardan kestikleri palmiye dallarını serdi. İsa, giysilerin ve yaprakların üzerinde yürüyen sıpanın üzerindeydi. Bu da büyük bir onurun simgesiydi. Önündekiler ve arkasındakiler şöyle bağırıyorlardı: "Rab'be yücelik olsun! Rab'bin adıyla gelen kutsanmıştır!" İşte İsa Yeruşalim'e böyle girdi.

(Markos 11)

İsa satıcıları tapınaktan kovuyor

Ertesi gün İsa tapınağa gitti. İçeride tezgahlarını kurmuş olan satıcılar vardı; hayvanlar ve tapınırken insanların sundukları kurbanlar için çeşitli eşyalar satıyorlardı. Farklı paraları değiştiren ve satış için para bozanlar da vardı. Tapınağın bir pazar yeri gibi olduğunu gören İsa çok kızdı ve satıcıları tapınaktan kovdu. Para değiştirenlerin masalarını devirdi. Sonra da şöyle söyleyerek onlara öğretti: "Burası sizin yeriniz değil. Allah dedi ki, 'Benim evim tüm halklar için bir dua evi olmalı.' Fakat siz haydut inine çevirdiniz."

Başkâhinler, yani Allah'ın buyruklarını halka açıklayanlar, İsa'nın yaptıklarına karşı çıktılar. Bu nedenle O'nu öldürmek istiyorlardı. Fakat halktan çekiniyorlardı. Çünkü birçok kişi İsa'ya hayrandı ve sözlerini hayretle dinliyorlardı.

(Markos 11)

İsa çağın sonu hakkında konuşuyor

İsa tapınaktan çıkarken havarilerinden biri, "Öğretmenim, şu güzel taşlara, şu büyük yapılara bak!" dedi. İsa, "Bütün bunlara hayranlık mı duyuyorsun? Ancak bil ki, burada taş üstünde taş kalmayacak, her şey yıkılacak "dedi.

Sonra da bazı havarileriyle birlikte Yeruşalim'den, Zeytin Dağı denilen bir yere gitti. Havariler, "Bütün bunlar ne zaman olacak? Bu şeylerin olacağının belirtisi ne olacak?" diye sordular.

İsa da, "Kimse sonun geleceği günü veya saati bilemez" dedi, "Ancak göklerdeki Peder bilir. Bu nedenle dua etmeli ve uyanık olmalısınız. Yolculuğa çıkan bir adamın durumu gibi olacak. Evinden ayrılırken hizmetkârlarına evini emanet eder. Herkese talimatlar verir ve kapıdaki nöbetçiye, 'Uyanık ol ve geri döneceğim anı bekle!' der."

"Bu sizin için de geçerli. Zamanın ne zaman geleceğini bilmiyorsunuz. Bu nedenle size uyanık olmanızı söylüyorum!"

(Markos 13)

Yahuda'nın ihaneti

Bu sıralarda havarilerden biri olan Yahuda İskariot başkâhinlere gitti. Onlara, "İsa'yı tutuklamanıza yardım edersem bana ne verirsiniz?" diye sordu.

İsa'ya yakın birinin O'nu aldatacağını duyduklarında sevindiler ve Yahuda'ya otuz gümüş verme kararı aldılar. O andan itibaren Yahuda İsa'ya ihanet etme fırsatı kollamaya başladı.

(Markos 14)

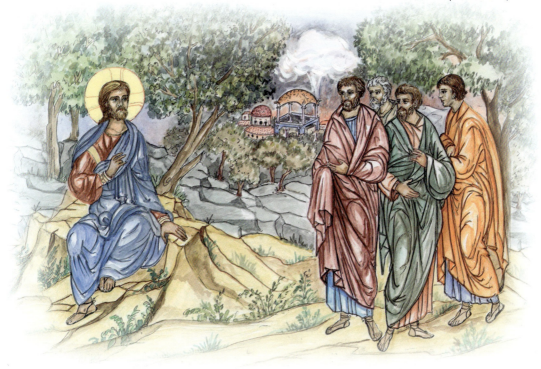

İsa havarileriyle birlikte Fısıh Bayramı'nı kutluyor

Fısıh Bayramı zamanı geldi. Bu bayram sırasında, Allah'ın İsrailliler'i Mısır'da kölelikten nasıl kurtardığını anımsıyorlardı. Fısıh Bayramı özel bir akşam yemeğiyle başlar, herkes biraraya gelirdi. Havariler İsa'ya, "Fısıh Bayramı yemeğini nerede yemek istiyorsun?" diye sordular.

İsa havarilerinden ikisine, "Kente gidin. Su testisi taşıyan bir adam göreceksiniz. Onu izleyin. Evine girdiği zaman, ev sahibi üst katta size büyük bir oda gösterecek. Orada Fısıh yemeğini hazırlayacaksınız" dedi. Havariler kente gitti ve her şey İsa'nın söylediği gibiydi. Böylece Fısıh yemeğini hazırladılar.

(Markos 14)

İsa havarilerinin ayaklarını yıkıyor

O gece İsa havarileriyle birlikteydi. Dünyadan ayrılıp göklerdeki Peder'in yanına gitme vaktinin geldiğinin farkındaydı. Akşam yemeği yedikleri sofradan kalktı ve üstlüğünü çıkardı. Beline bir havlu bağladı. Sonra büyük bir leğene su koydu ve havarilerinin ayaklarını yıkamaya ve havluyla kurulamaya başladı.

İsa Petros'a geldiğinde Petros O'na, "Rab, sen mi ayaklarımı yıkayacaksın? Ayaklarımı yıkamana asla izin vermem!" dedi. İsa şöyle cevap verdi, "Ayaklarını yıkamazsam, o zaman benim yanımda yerin olamaz."

O zaman Petros, "Eğer bu doğruysa, Rab, sadece ayaklarımı yıkama, ellerimi ve başımı da yıka" dedi. Fakat İsa, "Yıkanmış olan tamamen temizdir. Ayaklarının yıkanması dışında başka bir şeye ihtiyacı yoktur. Sizler temizsiniz, ancak hepiniz değil" diye karşılık verdi.

İsa ayaklarını yıkamayı bitirdiğinde, üstlüğünü yeniden giyindi ve sofradaki yerine geri döndü. "Size ne yaptığımı anlıyor musunuz?" dedi, "Siz bana 'Öğretmen' ve 'Rab' diyorsunuz, çünkü öyleyim. Ben Rab ve öğretmen olduğum halde ayaklarınızı yıkadığıma göre, siz de aynısını birbirinize yapmalısınız."

(Yuhanna 13)

Son akşam yemeği

İsa'yla havarileri sofradayken İsa, "Burada benimle yemek yiyenlerden biri beni ele verecek" dedi. Havariler buna çok üzüldüler ve birbirlerine sormaya başladılar: "Ben miyim? Acaba ben miyim?" İsa, "Onikiler'den biri, ekmeğini benimle aynı tabağa batıran" dedi.

Yemek yerken, İsa ekmeği aldı ve kutsadı. Ekmeği parçalarken havarilerine, "Alın, yiyin, bu benim bedenim" dedi.

Sonra, bir kâse şarap aldı, Allah'a şükür duasını etti ve her birine içirdi. "Bu benim kanım" dedi, "Bu kan antlaşmayı mühürlüyor, herkes için dökülmüştür." Bundan sonra, Fısıh ilahileri söylediler ve Zeytin Dağı'na gitmek için dışarıya çıktılar.

(Markos 14)

Petros'un İsa'ya verdiği söz

Yürürken İsa onlara, "Bu gece hepiniz bana olan güveninizi kaybedeceksiniz. Fakat ben dirildikten sonra, sizi Celile'de bekleyeceğim" dedi. O zaman Petros, "Başkaları sana olan güvenlerini yitirseler bile, ben asla yitirmem" dedi.

İsa şöyle cevap verdi: "Sana doğrusunu söyleyeyim, bu gece horoz iki kez ötmeden önce sen beni tanıdığını üç kez inkar edeceksin."

Fakat Petros bunun olmayacağında ısrar etti ve O'na söz verdi, "Seninle ölmem gerekse bile, seni asla inkar etmem."

(Markos 14)

İsa Getsemani Bahçesi'nde dua ediyor

Getsemani adı verilen bir bahçeye geldiler ve İsa havarilerine, "Ben dua ederken siz burada durun" dedi.

Onlardan biraz uzaklaştı, yüzüstü yere kapandı ve dua etmeye başladı: "Peder, beni ölümden kurtar! Ama yine de, benim değil, senin isteğin olsun." Bir süre sonra İsa havarilerinin yanına geldiğinde, hepsini uyumuş buldu. Petros'a, "Uyuyor musun? Bir saat bile uyanık kalamadın mı? Denendiğiniz zaman başarısız olmayasınız diye uyanık kalın ve dua edin" dedi.

İsa yine dua etmek için onlardan uzaklaştı. Geri geldiğinde, havarilerin tekrar uyuduklarını gördü. Bu üçüncü kez yeniden olunca, sonunda onlara, "Hâlâ uyuyup dinleniyor musunuz? Yeter artık. Zaman geldi. Kalkın. Gitmemiz gerek. Beni ele verecek olan çoktan burada" dedi.

İsa hâlâ konuşurken, Yahuda İskariot, yanında ellerinde kılıçlar ve sopalar olan kalabalık bir grupla birlikte geldi. Yahuda onlarla önceden, İsa'nın kim olduğunu öpücükle göstereceği konusunda anlaşmıştı. Bu şekilde O'nu tutuklayabileceklerdi.

Yahuda hemen İsa'nın yanına geldi, "Öğretmenim!" dedi ve O'nu öptü. O anda kalabalık İsa'yı yakaladı ve ellerini bağladı. Havarilerden biri kılıcını çekti ve hizmetkârlardan birinin kulağını kesti. İsa hizmetkârın kulağını iyileştirdi. Sonra kalabalığa, "Ben haydut muyum ki, beni tutuklamak için kılıç ve sopalarla geldiniz? Her gün tapınakta yanıbaşınızda öğretiyordum. O zaman beni tutuklamadınız" dedi.

O zaman havarilerin hepsi O'nu bırakıp korkuyla kaçtı.

(Markos 14)

Petros'un inkarı

İsa'yı tutuklayanlar O'nu başkâhinin evine götürdüler. Yahudiler'in kurulu orada toplanmıştı: Başkâhinler, ihtiyarlar ve yazmanlar.

Petros İsa'yı, başkâhinin avlusuna giden yolda uzaktan izliyordu. Orada, ateşte ısınan hizmetkârlarla oturdu. Hizmetkârlardan biri onu tanıdı, "Sen de İsa'yla birlikteydin!" dedi. Fakat Petros, "Ne söylediğini bilmiyorum ve anlamıyorum!" dedi. Bu sırada bir horoz ötüşü duyuldu.

Fakat hizmetkâr yine herkese, "O da onlardan biri" dedi. Petros ikinci kez her şeyi inkar etti. Birkaç dakika sonra hizmetkârlar, "Onlardan biri olmalısın, çünkü sen de Celile'den geliyorsun!" dediler.

Fakat Petros yemin etmeye başladı: "Sözünü ettiğiniz o adamı tanıyorsam Allah beni cezalandırsın." Bundan hemen sonra, horoz ikinci kez öttü. O zaman Petros İsa'nın kendisine , "Horoz iki kez ötmeden, beni tanıdığını üç kez inkar edeceksin" dediğini hatırladı.

O zaman avludan ayrılıp ağlamaya başladı.

(Markos 14)

İsa sorgulanıyor

Başkâhinin evinde kâhinler, ihtiyarlar ve yazmanlar İsa'yı bütün gece boyunca öğretişleri hakkında sorguladılar. Birçoğu O'nun hakkında yalanlar uydurmuşlardı. Yalancı tanıklar getirdiler. " 'İnsanların yaptığı bu tapınağı yıkacağım, yerine insanlar tarafından yapılmayan bir tapınak dikeceğim' dediğini duyduk" dediler.

O zaman başkâhin kurulun ortasında durdu ve, "Söyleyecek bir şeyin yok mu? Peki ya suçlandığın bu şeyler?" dedi. Fakat İsa sessiz kaldı. Başkâhin yeniden sordu: "Beklediğimiz Mesih sen misin? Allah'ın Oğlu musun?" İsa bu kez konuştu. "Benim" dedi.

Başkâhin o kadar öfkelendi ki, kendi giysilerini yırttı ve şöyle dedi: "Artık tanığa ihtiyacımız yok. Küfürü işittiniz. Allah'ın Oğlu olduğunu söylüyor. Kararınız nedir?"

Herkes suçlu olduğuna ve öldürülmesi gerektiğine karar verdi.

(Markos 14)

İsa Pilatus'un önüne çıkarılıyor

Sabah erken saatte İsa'yı Roma Valisi Pontius Pilatus'un huzuruna çıkardılar. Vali O'na doğrudan sordu: "Sen Yahudiler'in kralı mısın?" "Aynen, dediğin gibidir" diye cevap verdi İsa. O zaman kâhinler yüksek sesle O'nu suçlamaya başladılar. Pilatus O'na şöyle dedi: "Neden cevap vermiyorsun? Baksana seni nelerle suçluyorlar." Fakat İsa artık bir şey söylemedi. Pilatus çok şaşırdı.

Pilatus her Fısıh Bayramı'nda, halkın istediği bir tutukluyu serbest bırakırdı. O günlerde Barabba adında, adam öldürme suçundan tutuklu bulunan biri vardı.

Kalabalık Pilatus'a seslenerek tutukluyu serbest bırakmasını istedi. Pilatus sordu: "Yahudiler'in kralını mı salıvermemi istiyorsunuz?" Ne var ki, başkâhinler kalabalığı Barabba'yı istemeleri için kışkırttılar.

Pilatus onlara şu soruyu sordu: "Yahudiler'in kralı dediğiniz bu adama ne yapmamı istiyorsunuz?" "O'nu çarmıha ger!" diye bağırdılar. "Ama, ne kötülük yaptı ki?" diye sordu Pilatus. Fakat bu kez daha yüksek sesle bağırdılar, "O'nu çarmıha ger!"

Pilatus bu şekilde bir şey elde edemeyeceğini anlayınca, biraz su aldı, kalabalığın karşısında ellerini yıkadı ve şöyle dedi: "Bu adamın kanından ben sorumlu değilim. Yanlış bir şey yapmadı. Sorumluluk sizindir." Kalabalığı memnun etmek için Barabba'yı serbest bıraktı ve sonra da İsa'yı kırbaçlayıp çarmıha germeleri için askerlere buyruk verdi.

Romalı askerler İsa'yı aldılar ve O'na koyu kırmızı bir giysi giydirdiler. O'nu bir kral gibi giydirmeye çalıştılar. Dikenlerden bir taç yapıp başına koydular, eline kamıştan bir asa verdiler. "Selam sana, ey Yahudiler'in kralı!" diye alay ettiler.

(Markos 15; Matta 27)

Yahuda ihanetinden ötürü pişmanlık duyuyor

Yahuda İsa'nın ölüme mahkum edildiğini duyduğunda, O'nu ele verdiği için pişmanlık duydu. Başkâhinlere ve ihtiyarlara gidip aldığı parayı geri vermek istediğini söyledi. "Günah işledim, çünkü masum bir adamı ölüme teslim ettim" dedi.

Fakat onlar, "Bize ne? Bu senin sorunun" dediler. O zaman Yahuda gümüş paraları tapınakta yere attı, oradan ayrıldı ve kendisini astı.

(Matta 27)

İsa çarmıhta ölüyor

Askerler İsa'yı çarmıha germek için götürdüler. O'nu kentin dışına, Golgota denilen ve 'Kafatası Tepesi' anlamına gelen yere götürdüler.

Ellerini ve ayaklarını büyük bir ahşap çarmıha çivilediklerinde saat sabah dokuz civarıydı. Askerler giysilerini aralarında paylaştılar ve kimin alacağını belirlemek için kura çektiler. Çarmıhın üzerine, çarmıha gerilme nedeni yazıldı: "Yahudiler'in Kralı." İsa'yla birlikte iki haydut daha çarmıha gerildi. Biri İsa'nın sağında, diğeri solundaydı.

Birçok insan bu olayı görmeye geldi. Oradan geçenler başlarını sallayarak, "Tapınağı yıkıp üç gün içinde yeniden bina edecektin! Şimdi kendini kurtar ve çarmıhtan in bakalım!" diye alay ettiler.

Başkâhinler ve yazmanlar da O'nunla alay ettiler, "Başkalarını kurtardı, ama kendisini kurtaramıyor. Mesih, İsrail'in kralı olduğunu söylüyor. Görüp inanalım diye çarmıhtan insin bakalım" dediler. Onunla birlikte çarmıha gerilenler bile O'na güldüler.

Öğlen olduğunda, üç saat boyunca dünyanın üzerini karanlık kapladı. Öğleden sonra saat üç civarında İsa yüksek sesle, "Eli, Eli, lema şevaktani" dedi, bu, "Allahım, Allahım, beni neden terk ettin?" anlamına gelir.

Orada bulunan bazı kişiler, "Dinleyin, İlyas peygamberi çağırıyor" dediler. O sırada biri koşup sirkeye batırılmış bir sünger getirdi.

Süngeri bir kamışın ucuna takıp içmesi için İsa'ya uzattı. "Bakalım İlyas gelip O'nu çarmıhtan kurtaracak mı?" dediler. İsa yüksek sesle bağırarak son nefesini verdi. İsa'yı bekleyen Romalı yüzbaşı bunu gördüğünde, "Bu adam gerçekten Allah'ın Oğlu'ydu" dedi.

Bazı kadınlar da uzakta durmuş, olanları izliyorlardı. Aralarında İsa'nın annesi Meryem, Mecdelli Meryem, Yakup'la Yose'nin annesi Meryem ve Salome de vardı. Celile'den Yeruşalim'e kadar İsa'nın peşinden gitmişlerdi.

(Markos 15)

İsa'nın gömülmesi

Gün batımıydı. Ertesi gün, kimsenin çalışmadığı kutsal gün olan Şabat Günü'ydü. Bu nedenle çarmıha gerilen adamların gün batmadan önce gömülmeleri gerekiyordu. Pilatus bu konuda haberdar edilmişti. Onun buyruğuyla askerler, İsa'yla birlikte çarmıha gerilen iki adamın daha çabuk ölmelerini sağlamak amacıyla bacaklarını kırdılar. İsa'ya geldiklerinde, O'nun zaten öldüğünü gördükleri için bacaklarını kırmadılar. Fakat askerlerden biri İsa'nın böğrünü mızrağıyla deldi ve yaradan kan ve su çıktı.

Sonra, Aramatyalı Yusuf, cesaretle Pilatus'a gitti ve İsa'nın bedenini istedi. Yusuf İsa'nın öğrencilerinden biriydi, fakat aynı zamanda Kurul üyesiydi. Bu nedenle Pilatus ona izin verdi.

Yusuf özel bir kefen getirdi ve İsa'yı çarmıhtan indirip kefene sardı. O'nu, bir kayanın içine oyulmuş olan bir mezara koydu Sonra da, mezarın girişini büyük bir kaya parçasıyla kapattılar. Mecdelli Meryem, Yakup'la Yose'nin annesi Meryem, İsa'nın nereye konulduğunu gördüler.

(Markos 15; Yuhanna 19)

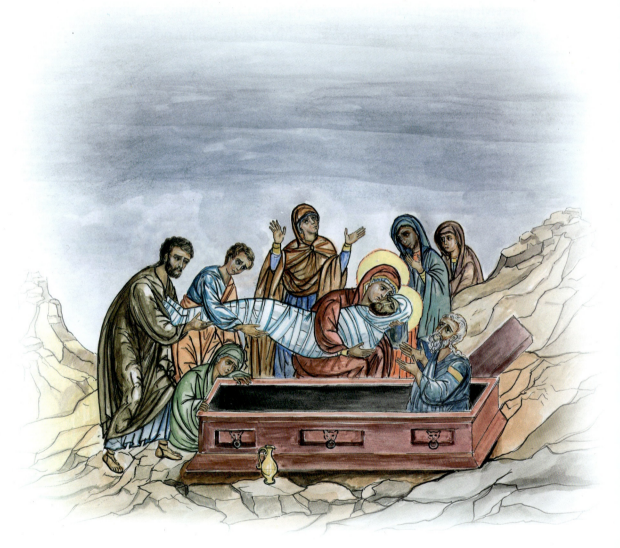

İsa'nın Dirilişi

Şabat Günü geçince, sabah çok erkenden, kadınlar mezara gittiler. Yahudi halkı arasında adet olduğu gibi İsa'nın bedenine sürmek için değerli yağlar getirdiler. Fakat mezarın girişini kapatan büyük kayayı nasıl kaldıracaklarını düşünerek endişeleniyorlardı. Ne var ki, oraya vardıklarında, kayanın kaldırılmış olduğunu gördüler. Mezarın girişi açıktı. İçeri girdiklerinde İsa'nın bedeninin orada olmadığını gördüler.

O anda, karşılarında parlak giysiler içinde iki adam belirdi. Kadınlar korkarak adamların önünde yere kapandılar. Bu sırada adamlar, "Neden yaşayanı ölüler arasında arıyorsunuz? O burada değil. Ölümden dirildi!" dediler.

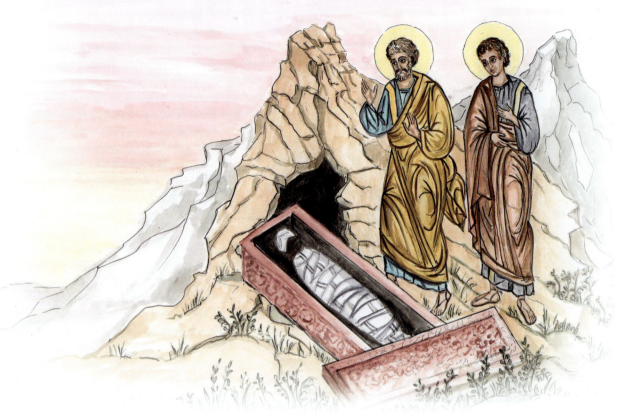

Kadınlar hemen havarilerin yanına koşup olan biten her şeyi anlattılar. Fakat havariler onlara inanmadılar. "Ne saçmalıyorsunuz?" dediler.

Petros, kadınların anlattığı hikayenin doğru olup olmadığını kendi gözleriyle görmeye karar verdi. Hemen kalkıp mezara koştu. Yuhanna da onunla birlikte gitti.

Petros mezarın içine girdiğinde, gördüğü tek şey İsa'nın bedenine sarılan bezler oldu. O zaman neler olduğunu merak ederek eve geri döndü.

(Luka 24)

Emmaus yolunda

Aynı gün, iki öğrenci Yeruşalim'den Emmaus Köyü'ne doğru yürürken olanlar hakkında konuşuyorlardı. Konuşurken İsa yanlarına yaklaştı ve onlarla birlikte yürümeye başladı. Ancak kendi gözleriyle gördükleri halde, O'nu tanımadılar.

"Bu kadar ciddi bir şekilde ne hakkında konuşuyorsunuz? Neden bu kadar üzgün görünüyorsunuz?" diye sordu İsa. Öğrencilerden biri, Kleopas, şöyle dedi: "Son günlerde Yeruşalim'de olanları duymadın mı?" İsa, "Neler oldu?" diye sordu.

İsa'ya şöyle cevap verdiler: "Nasıralı İsa, Allah huzurunda büyük işler yapan, büyük sözler söyleyen bir peygamberdi. Fakat din önderlerimiz O'nu çarmıha gerilmesi için teslim ettiler. Allah'ın herkese vaat ettiği kurtarıcı olmasını ümit etmiştik. Bütün bunlar olalı üç gün geçti. Fakat bugün, bizim aramızdan bazı kadınlar bizi hayrete düşüren şeyler söylediler. Sabah erkenden mezara gittiler, ancak bedenini bulamadılar. Geri geldiklerinde, O'nun yaşadığını söyleyen melekler gördüklerini anlattılar. Bizden birkaç kişi daha mezara gitti ve her şeyi kadınların anlattığı gibi buldu, ancak İsa'yı görmediler."

O zaman İsa, "Akılsız ve anlayışsızsınız. Yüreğiniz peygamberlerin söylediklerine inanmakta ağır. Yüceltilmesi için Mesih'in bütün bunları yaşaması gerekmiyor muydu?" dedi. Sonra da Kutsal Yazılar'da kendisi hakkında yazılmış sözleri açıklamaya başladı.

Emmaus'a vardıklarında, O'na kendileriyle kalması için yalvardılar, çünkü akşam olmuştu ve hava neredeyse kararmıştı. Böylece İsa onlarla birlikte köyde kaldı.

Yemek için oturduklarında, İsa ekmeği alıp kutsadı, böldü ve yemeleri için onlara verdi. O anda gözleri açıldı ve O'nun kim olduğunu anladılar. Fakat İsa ortadan kayboldu.

O zaman birbirlerine, "Yolda bizimle yürürken ve Kutsal Yazılar'ı açıklarken yüreklerimiz nasıl da yanıyordu!" dediler. Hemen kalkıp Yeruşalim'e döndüler ve olanları diğer öğrencilere anlattılar.

(Luka 24)

İsa havarilerine görünüyor

Aynı günün akşamı olmuştu. Şabat Günü'nden sonraki ilk gündü. Havariler, Yahudi yetkililerden korktukları için, kapılar kapalı halde üst kattaki bir odada biraraya gelmişlerdi.

O sırada İsa göründü ve aralarında durup, "Size esenlik olsun! Peder'in beni gönderdiği gibi, ben de sizi gönderiyorum" dedi. Bunu söylediğinde ellerindeki ve böğründeki izleri gösterdi.

Havariler İsa'yı gördükleri için memnunlardı.

(Yuhanna 20)

İsa ve Tomas

Tomas on iki havariden biriydi, fakat İsa geldiğinde diğerleriyle birlikte değildi. Bu nedenle ona, "Rab'bi kendi gözlerimizle gördük" dediklerinde, Tomas, "Ellerindeki çivi izlerini görüp ellerimle dokunmazsam ve ellerimi böğründeki ize sokmazsam inanmam" dedi.

Sekiz gün sonra havariler yine evde toplanmıştı ve bu kez Tomas da aralarındaydı. Kapılar kapalı olduğu halde, İsa yine yanlarına geldi, "Size esenlik olsun" dedi.

O zaman Tomas'a, "Parmağını buraya koy ve ellerime bak. Böğrüme dokun. Kuşku duyma, iman et" dedi.

Tomas ise, "Rabbim ve Allahım!" dedi. İsa, "Beni gördüğün için iman ettin. Görmeden inananlara ne mutlu!" diye karşılık verdi.

(Yuhanna 20)

İsa Celile Gölü kenarında yeniden görünüyor

Petros havarilerden bazılarıyla birlikte Celile Gölü'ne gitti. Bir gece Petros, "Ben balık tutmaya gidiyorum" dedi. Diğerleri, "Biz de seninle geliyoruz" dediler. Bütün geceyi balık tutarak geçirdiler, fakat hiçbir şey tutamadılar. Sabah olduğunda, İsa kıyıda durmaktaydı. Fakat havariler İsa olduğunu anlamadılar.

O zaman İsa onlara, "Yiyecek birşeyiniz var mı?" diye sordu. "Hayır" diye cevap verdiler. İsa, "Ağı teknenin sağ tarafına atarsanız balık tutarsınız" dedi. İsa'nın söylediğini yaptıklarında ağ o kadar çok balıkla doldu ki, ağı çekemediler.

O anda O'nun Rab İsa olduğunu anladılar. Petros hemen suya atladı ve O'na doğru yüzdü. Kıyıdan yüz metre kadar uzakta oldukları için diğer havariler tekneyle gelip balıklarla dolu ağı çekmeye yardım ettiler.

Havariler İsa'nın yanına geldiklerinde, kömür ateşi, ateşin üzerinde balık ve ekmek gördüler. İsa, "Şimdi tuttuğunuz balıklardan getirin" dedi. O zaman Petros tekneye geçti ve balıkla yüklü ağı karaya çekti. Bu kadar çok balık olduğu halde ağ yırtılmamıştı.

O zaman İsa onlara, "Gelin, yemek yiyin" dedi. Ekmeği alıp onlara verdi. Aynı şekilde balıkları da verdi.

(Yuhanna 21)

İsa ve Petros

Yemek yemeyi bitirdiklerinde İsa Petros'a, "Petros, beni buradakilerden daha çok mu seviyorsun?" diye sordu. "Evet, Rab" dedi Petros, "Seni sevdiğimi bilirsin." O zaman İsa, "Kuzularımı otlat" dedi.

Sonra ona ikinci kez sordu: "Petros beni seviyor musun?" "Evet, Rab, seni sevdiğimi bilirsin" diye cevap verdi Petros. "Koyunlarımı güt" dedi İsa.

İsa üçüncü kez sordu: "Petros beni seviyor musun?" Petros İsa'nın kendisine üçüncü kez sormasına üzüldü ve şöyle karşılık verdi: "Rab, sen her şeyi bilirsin. Seni sevdiğimi de bilirsin."

O zaman İsa, "Koyunlarımı otlat" dedi. Şöyle ekledi: "Yaşlanınca, bağlanacak, istemediğin yere götürülecek ve şehit olacaksın. Bu şekilde beni sevdiğini kanıtlamış olacaksın. Ardımdan gel."

(Yuhanna 21)

İsa göğe yükseliyor

İsa dirildikten sonra öğrencilerine birçok kez göründü. Kırkıncı günde O'na, "Rab, İsrail halkına özgürlük ve gücü şimdi mi vereceksin?" diye sordular.

İsa şöyle cevap verdi, "Bunu ancak Peder bilir. Fakat Kutsal Ruh size güç verecek ve dünyanın dört bucağında benimle ilgili Müjde'yi duyuracaksınız."

Bunları onlara, Yeruşalim yakınlarındaki Zeytin Dağı'nda söyledi. Ellerini kaldırdı ve onları kutsadı. Onları kutsarken, göğe doğru yükselmeye başladı. Bir bulut görmelerine engel olana kadar göğe alınışını izlediler.

Yanlarında birden iki melek belirdi ve onlara, "Neden göğe bakıyorsunuz? Aranızdan göğe yükselen İsa, göğe çıktığını nasıl gördünüzse, aynı şekilde geri gelecektir" dedi. Öğrenciler büyük bir sevinçle Yeruşalim'e gittiler ve İsa'nın kendilerine vaat ettiği Kutsal Ruh'u beklemeye başladılar. Sürekli dua ederek birarada kalıyorlardı. İsa'nın annesi Meryem de dahil olmak üzere bazı kadınlar da onlarla birlikteydi.

(Luka 24; Elçilerin İşleri 1)

Pentikost

On gün sonra Pentikost Bayramı kutlanacaktı. Dünyanın dört bir yanından insanlar dua etmek ve kutlamak için Yeruşalim'e geldiler. İsa'nın öğrencileri, hem kadınlar hem de erkekler, tek yürekle dua etmek için biraraya geldiler. Aniden göklerden bir ses geldi; kuvvetle esen bir rüzgarın sesine benziyordu ve içinde bulundukları evi doldurdu. Sonra her biri üzerinde duran ateşten dilleri gördüler. Kutsal Ruh'la doldular ve Kutsal Ruh'un kendilerine verdiği yeteneğe göre başka dillerde konuşmaya başladılar.

Sesi duyduklarında, kentin her yerinden büyük kalabalıklar biraraya toplandı. Farklı dillerde konuşanlar, elçilerin onların dilini konuştuğunu duyunca çok şaşırdılar. Merak edip birbirlerine sordular: "Bunun anlamı ne?" Diğerleri güldü, "Sarhoş olmuşlar" dediler.

O zaman Petros ayağa kalktı ve yüksek sesle şöyle dedi: "Bugün Allah'ın vaadi yerine gelmiştir! İsa yaşıyor; ölümden dirildi. Kutsal Ruhu'nu bizlere gönderdi. Bu Ruh, bizi anlamanız için bizleri farklı dillerde konuşturuyor. Tövbe edin ve günahlarınızın bağışlanması ve Kutsal Ruhu almanız için İsa Mesih adında vaftiz olun."

Bu nedenle, bazıları İsa hakkında daha fazla öğrenmek istediler. Vaftiz oldular ve büyük bir aile gibi hep birlikte yaşamaya başladılar. Hepsi kendilerini elçilerin öğretişine, birbirlerine, duaya ve Kutsal Komünyon'a adamıştı.

(Elçilerin İşleri 2)

Stefanos ve Saul

Bundan sonra, çok daha fazla kişi İsa'ya inanıp vaftiz oldu. Stefanos da onlardan biriydi. İnsanlara Allah ve İsa hakkında anlattığında, onu çok dikkatli bir şekilde dinliyorlardı. Stefanos inanç ve güçle doluydu, halk arasında birçok inanılmaz mucize gerçekleştirdi.

Yahudi kurulunun bazı üyeleri, halka İsa'yı anlattığı için Stefanos'a çok kızmışlardı. Nitekim, Stefanos'un Allah ve Musa'ya küfrettiği konusunda bazı kişileri yalan söylemeye zorladılar.

Böylece Stefanos'u tutuklattılar ve Kurul önüne çıkardılar. Sahte tanıklar kalkıp, "Bu adam İsa hakkında konuşuyor ve Musa'nın verdiği buyrukları çarpıtıyor. Bu şekilde Allah'a küfrediyor" dediler.

O zaman başkâhin Stefanos'a, "Söyledikleri gibi mi?" diye sordu. Stefanos şöyle cevap verdi: "Allah peygamberlerini atalarımıza gönderdi, fakat halkımız onları dinlemedi. Allah onlara buyruklarını verdi, ama onlar bu buyrukları yerine getirmediler. Şimdi Oğlu İsa'yı gönderdi. Fakat siz O'nu kabul etmediniz, O'nu öldürdünüz."

Stefanos, Kutsal Ruh'la dolu olarak göklere baktı ve şöyle dedi: "Göklerin açıldığını ve İsa'nın Allah'ın sağında durduğunu görüyorum." O zaman kâhinler o kadar öfkelendiler ki, Stefanos'a bağırdılar ve söylediklerini duymamak için kendi kulaklarını kapadılar. Stefanos'a saldırdılar, kentin dışına sürükleyerek çıkardılar ve taşladılar. Stefanos dizlerinin üzerine çöktü, "Rab İsa, beni göklere, yanına al. Bana yaptıkları için onları cezalandırma" dedi. Bu sözleri söyledikten sonra can verdi.

O günden itibaren İsa'ya inananlar için tehlikeli bir zaman başladı. Stefanos'a olanların kendilerine de olmasından korkuyorlardı. Büyük bir zulüm başladı. Bu nedenle birçok imanlı Yeruşalim'den ayrıldı.

Kiliseye zarar vermeye çalışanlardan birisi Saul'du. Stefanos'u taşlayıp öldürdüklerinde o da oradaydı. İsa'ya inanan herkesi yok etmek istiyordu. Evlerin kapılarını kırıp kilise üyesi olan kadınları ve erkekleri sürükleyerek hapse attı.

Bu nedenle öğrenciler, hem kadınlar, hem de erkekler, Yeruşalim'den ayrıldılar ve her yere dağıldılar. Fakat gittikleri her yerde İsa hakkında vaaz etmeye devam ettiler.

(Elçilerin İşleri 6-8)

Saul Şam'a gidiyor

Saul Şam'da birçok kişinin İsa'ya inandığını öğrendiği için başkâhine gidip, "Şam'a gitmek istiyorum. İsa'ya inanan herkesi tutuklamak ve buraya geri getirmek için bana izin ver" dedi. Başkâhin izin verdi ve Saul Şam'a doğru yola çıktı. Kente yaklaşırken, çevresinde gökten bir ışık parladı. Yere düştü ve, "Saul, Saul, bana neden zulmediyorsun?" diyen bir ses işitti. "Ey Efendim, sen kimsin?" diye sordu Saul. O zaman ses şöyle cevap verdi: "Ben zulmettiğin İsa'yım. Kalk, kente git. Orada ne yapacağın sana söylenecek."

Saul'la birlikte yolculuk eden adamların dili tutulmuştu, çünkü onlar da sesi duymuşlar, ancak kimseyi görememişlerdi. Saul kalktı, ancak gözleri açık olduğu halde hiçbir şey göremiyordu. Yanındaki adamlar, elinden tutarak onu Şam'a götürdüler. Saul üç gün boyunca kördü ve bu süre içinde hiçbir şey yemedi, içmedi.

(Elçilerin İşleri 9)

Hananya Saul'a yardım ediyor

İsa'nın öğrencisi olan Hananya Şam'da yaşıyordu. Rab bir görümde kendisine göründü, "Kalk, Doğru Sokak denilen sokağa git, Yahuda'nın evini bul. Orada Saul adında birini sor. Orada dua ediyor" dedi.

Hananya, "Rab, birçok kişinin bu adamın Yeruşalim'deki imanlılara sıkıntı verdiğini söylediğini duydum. Sana inanan herkese zulmediyor ve hapse atıyor" dedi.

Fakat Rab, "Git, çünkü beni tüm uluslara, krallara ve Yahudi halkına tanıtması için onu seçtim" dedi. Böylece Hananya Saul'a gitti. Ellerini Saul'un üzerine koydu, "Kardeşim Saul, Rab İsa, yeniden görmene yardım etmem ve Kutsal Ruh'la dolman için beni gönderdi" dedi. O anda gözlerinden balık puluna benzer şeyler düştü. Saul yeniden görmeye başladı. Kalktı ve vaftiz oldu. Yemek yedi ve kendisini çok daha iyi hissetti.

(Elçilerin İşleri 9)

Saul İsa'yı vaaz ediyor

Saul birkaç gün sonra, Yahudiler'in dua ettiği sinagoga gitti. Orada, İsa'nın Allah'ın Oğlu olduğunu, ölümden dirildiğini ve yaşadığını insanlara anlattı. Bunu duyanların kafası karıştı, "İsa'ya inananlara Yeruşalim'de zulmeden adam bu değil mi? Bu nedenle burada değil mi? Onları tutuklayıp başkâhine götürecek!" dediler.

Fakat Saul Yahudiler'e İsa hakkında cesaretle öğretiyor, İsa Mesih'in, Allah'ın Kutsal Yazılar'da vaat ettiği Kurtarıcı olduğunu söylüyordu. Bu nedenle Şam'daki Yahudiler onu öldürmeye karar verdiler. Onu yakalamak için kent kapılarına nöbetçiler koydular.

Saul bu planları öğrendi. Öğrencileri onun kaçmasına yardım ettiler. Saul'u bir sepete koydular ve kent surlarından aşağı sarkıttılar. Böylece Saul Yeruşalim'e geri dönebildi.

Orada İsa'nın öğrencileriyle buluşmaya çalıştı. Önceleri ondan korktular. Vaftiz olduğuna ve gerçekten İsa'nın öğrencisi olduğuna inanmadılar. Sonunda onlara Şam yolunda Rab'bi nasıl gördüğünü ve İsa'nın onunla nasıl konuştuğunu anlattı. O zaman Saul'un gerçekten değiştiğine inandılar.

(Elçilerin İşleri 9)

Saul'a yeni bir isim veriliyor

Saul herkese İsa Mesih'i öğretmek istiyordu. Yeruşalim'deki kilise bu işte ona yardım etti. Böylece Saul birçok kent ve ülkeyi ziyaret edebildi.

Antakya'ya vardığında, İsa'nın Mesih olduğuna inanan pek çok kişiyle karşılaştı. 'Mesih', 'Allah'ın meshettiği kişi, Kurtarıcı' demektir. Mesih'e inananlara 'Hristiyanlar' demeye başladılar.

Saul bir yıl boyunca Antakya'da kaldı. Kutsal Ruh'un gücüyle doluydu ve insanlara Mesih'i vaaz etti. Sonra da, Mesih'in başka öğrencileriyle birlikte başka ülkelere gitti. O zamandan itibaren Saul, Pavlos ismiyle anıldı.

Pavlos ve hizmet arkadaşları, Mesih hakkında dünyanın çeşitli yerlerindeki kişilere vaaz etmek için uzun yolculuklar yaptılar. Birçok kişi inandı ve vaftiz oldu.

Bazıları ise Pavlos'un İsa hakkında konuşmasını duyduklarında öfkelendiler ve onu kent dışına atmak istediler.

(Elçilerin İşleri 11-13)

Pavlos Yunanistan'a gidiyor

Pavlos ve yanındaki diğer öğrenciler Anadolu'nun çeşitli kentlerinde vaaz ederken, bir gece Pavlos bir görüm gördü: Makedonyalı biri, müjdeyi Makedonya'da vaaz etmesini istedi. Böylece Troas'tan gemiyle denize açılan Pavlos, bölgedeki en önemli kent olan Filipi'ye vardı. Şabat Günü'nde, kentten çıkıp Filipili Yahudiler'in dua etmek için biraraya geldiği ırmak kıyısına gittiler. Pavlos orada toplanmış kadınlarla konuşmaya başladı.

Onların arasında Lidya adında bir kadın vardı. Pavlos'un İsa hakkında söylediklerini çok dikkatli bir şekilde dinledi. Sonunda iman etti. Kendisi ve tüm ailesi vaftiz oldular. Pavlos'tan ve yanındaki Hristiyanlar'dan gelip evinde kalmalarını rica etti.

(Elçilerin İşleri 16)

Pavlos kötü bir ruhu kovuyor

Pavlos ve diğerleri sık sık Filipi'deki dua yerine gittiler. Bir gün kötü ruha tutsak köle bir kızla karşılaştılar. Ruh, kızın sesini kullanarak gelecekten haber veriyordu. Kız bunu yapabildiği için efendileri onun sayesinde çok para kazanıyorlardı. Kız Pavlos ve yardımcılarını takip edip duruyor, "Bu adamlar en yüce Allah'a hizmet ediyorlar ve size nasıl kurtulacağınızı anlatacaklar!" diye bağırıyordu.

Birkaç gün boyunca böyle yaptı. Sonunda Pavlos artık bu duruma dayanamaz oldu. Arkasına dönüp ruha, "İsa Mesih adıyla ondan çıkmanı buyuruyorum" dedi. Ruh o anda çıktı. Fakat kız kötü ruh olmadan artık gelecekten haber veremiyordu.

Efendileri çok öfkelendiler, çünkü artık kız sayesinde para kazanamıyorlardı. Bu nedenle Pavlos ve hizmet arkadaşı Silas'ı tutuklattılar ve yetkililerin karşısına çıkardılar. "Bu insanlar kentte kargaşa çıkarıyorlar. Yasalarımıza aykırı şeyler öğretiyorlar" dediler. Yargıçlar Pavlos ve Silas'ın giysilerini yırttılar, dövülmeleri için buyruk verdiler. İyice dövdürdükten sonra Pavlos ve Silas'ı hapse attılar.

(Elçilerin İşleri 16)

Pavlos ve Silas hapiste

Yargıçlar gardiyana onları çok sıkı bir şekilde korumasını söyledikleri için gardiyan da onları hapse koyup ayaklarını ağır ahşap bloklara bağladı.

Gece yarısına yakındı. Pavlos'la Silas Allah'a dua ediyor, ilahiler söylüyorlardı. Hapisteki diğer tutuklular onları dinlerken aniden büyük bir deprem oldu. Sarsıntıdan hücrelerin hepsi açıldı ve tutukluların zincirleri çözüldü.

Gardiyan gürültüyü duyunca uyandı. Hücrelerin açıldığını görünce kılıcını aldı ve kendisini öldürmeye hazırlandı, çünkü tutukluların hepsinin kaçtığını düşünmüştü.

O zaman Pavlos yüksek sesle haykırdı: "Kendine zarar verme, hepimiz buradayız!" Gardiyan ışıkların yakılmasını buyurdu. Pavlos'la Silas'ın karşısında dizlerinin üzerinde yere kapandı. Sonra onları binadan dışarı çıkardı ve sordu: "Efendiler, kurtulmak için ne yapmam lazım?" O zaman Pavlos'la Silas, "Rab İsa Mesih'e inan, böylece sen ve ailen kurtulacaksınız" dediler. Onlara ve diğer herkese Mesih'i anlattılar.

Gardiyan onların yaralarını temizledi. Onları evine götürdü ve yemek verdi. Sonra kendisi ve ailesi vaftiz oldular. Allah'ı bulduğu için çok mutluydu.

Ertesi gün yargıçlar hata yaptıklarını fark ettikleri için Pavlos'la Silas'ı serbest bıraktılar. Yaptıkları adaletsizlikten ötürü onlardan özür dilediler. Bundan sonra Pavlos'la Silas yolculuklarına devam ettiler.

(Elçilerin İşleri 16)

Pavlos'un yolculukları

Pavlos ve hizmet arkadaşları sürekli kentten kente yolculuk yapıyorlardı. Gittikleri her yerde, sinagogları ve halkın toplandığı yerleri ziyaret ediyorlar, İsa Mesih hakkında vaaz ediyorlardı.

Birçok kişi Pavlos'un konuşmalarını dikkatle dinledi, çünkü Pavlos Mesih ve dirilişi hakkındaki Kutsal Yazılar'ı açıklamayı çok iyi biliyordu. Fakat Pavlos'un, İsa'nın Allah'ın Oğlu olduğu öğretişini herkes beğenmiyordu. Bu nedenle birçok kez dövüldüğü ve bulunduğu yerlerden kovulduğu oluyordu.

Öte yandan, Pavlos'la karşılaşan birçok kadın ve erkek, Mesih hakkındaki sözleriyle ikna olup vaftiz oluyorlardı. Aradan uzun süre geçmeden birkaç yerde birçok Hristiyan topluluğu kurulmuştu.

(Elçilerin İşleri 17)

Pavlos Atina'ya gidiyor

Pavlos hizmet arkadaşları Timoteos'la Silas'ı bırakıp Atina'ya kadar gitti. Onların gelmesini beklerken, kenti dolaştı ve kentin taş, gümüş veya altından yapılmış putlarla dolu olduğunu görünce çok üzüldü. Bu kentteki insanlar putlara tapınıyor ve kendilerine yardım etmelerini umut ediyorlardı.

Pavlos Atina'daki insanlara yaşayan tek bir Allah olduğunu ve ancak O'nun kendilerine yardım edebileceğini öğretmek istiyordu. Bu nedenle her gün pazar yerine gidip onlara İsa hakkında öğretmeye başladı.

Filozoflardan bazıları şöyle dediler: "Bu öykücü ne anlatmaya çalışıyor?" Başkaları, İsa ve dirilişi hakkında vaaz ettiklerini dinlediler, "Sanki yabancı tanrılardan bahsediyor gibi" dediler. Atinalılar sadece yeni ve ilginç şeylerden söz etmeyi seviyorlardı. O kadar ki, paylaşacak yeni fikirleri olan kişiler için, Areopagos adında, özel olarak ayrılmış bir yerleri vardı. Böylece Atinalılar Pavlos'u bu yere getirip, "Öğrettiğin bu yeni düşünceyi bizlere açıkla. Kulaklarımız garip şeyler işitiyor. Bunların ne hakkında olduğunu duymak istiyoruz" dediler. O zaman Pavlos Areopagos'un ortasında durup şöyle dedi: "Atinalılar! Her yönden dindar olduğunuzu görüyorum. Aslında, kentinizi gezip kutsal yerlerinizi gördüğümde, bir sunak üzerinde şu yazıyı gördüm, 'Bilinmeyen tanrıya!' Bilmeden tapındığınız Allah'ı size tanıtmak için geldim. Dünyayı ve içinde bulunan her şeyi yaratan Allah O'dur. Göğün ve yerin Rab'bidir. İnsan eliyle yapılmış tapınakta yaşamaz, insanların O'na hizmet etmesine gerek yoktur. Çünkü her şeye yaşam ve nefes veren kendisidir. Allah'ın altın veya gümüş veya taş veya heykeli yapılmış bir sanat yapıtı, ya da insan hayalinin ürünü olduğunu düşünmemelisiniz."

Sonra da onlara İsa Mesih'e imanı, O'nun dirilişini temel alan inancı anlattı. Ölülerin dirilmesi düşüncesini duyar duymaz bazı kişiler onunla alay ettiler ve şöyle dediler: "Bize bunları başka bir zaman anlat." Sonra Pavlos oradan ayrıldı. Fakat bazıları onu izleyip Hristiyan oldular. Onların arasında kurul üyesi Dionisios ve Damaris adında bir kadın vardı. Bu da Atina'daki ilk kilisenin başlangıcı oldu.

(Elçilerin İşleri 17)

Pavlos Yeruşalim'e geri dönüyor

Pavlos senelerce kenten kente ve ülkeden ülkeye yolculuklar yaptı. Sonunda, Pentikost'u diğer öğrencilerle birlikte kutlamak istediği için Yeruşalim'e döndü. Fakat Yeruşalim'de pek çok düşmanı olduğunu biliyordu.

Yolculuğu sırasında Milet'e vardı. Buradan Efes'e haber gönderip orada öğretenlerin ve orada artık yerel kiliseden sorumlu olanların gelip kendisiyle buluşmasını istedi. Pavlos, bunun onları son görüşü olduğunu bildiği için onlarla uzun bir süre konuştu. Şöyle dedi: "İsa

Mesih hakkında söylediğim her şeyi yüreğinizde saklayın. Allah sizinle olacak ve sizi koruyacak. Şunu unutmayın, bu çok önemli: İsa Mesih'in yaptığı gibi yoksul ve zayıf olana bakın. Rabbimiz İsa Mesih'in sözlerini hatırlayın: 'Vermek almaktan daha iyidir.'"

Bu sözleri söylediğinde diz çöküp dua etti. O zaman hep beraber ağladılar ve ona sarılıp onu öptüler. Veda ettiğini bildikleri için üzgündüler. Bundan sonra gemisine kadar ona eşlik ettiler.

(Elçilerin İşleri 20)

Pavlos tutuklanıyor

Pavlos Yeruşalim'e vardığında tapınağa gitti. Yahudiler'in bazıları onu tanıyıp, "Bu adam, her yerde Musa'nın ve bu tapınağın öğretişlerine karşı öğreten adam" dediler.

O zaman büyük bir kalabalık biraraya toplandı. Pavlos'u yakalayıp tapınaktan dışarı attılar ve dövmeye başladılar. Onu öldürmek istediler. Fakat Roma ordusunun komutanı kentte kargaşa olduğunu duydu. Askerlerini ve yetkilileri kalabalığın olduğu yere getirdi. Komutanı ve askerlerini gördüklerinde Pavlos'u dövmeyi bıraktılar.

O zaman komutan gelip Pavlos'u tutukladı ve onu zincire vurdu. Kim olduğunu ve yanlış ne iş yaptığını sordu. Kalabalık o kadar karışık bir şekilde karşılık verdi ki, komutan hiçbir şey anlamadı ve Pavlos'u hapse atmaları için buyruk verdi.

(Elçilerin İşleri 21)

Roma yolculuğu

Pavlos yıllarca hapiste kaldı. Roma valisi Yahudi önderleri etkilemek istediği için onu serbest bırakmıyordu.

Sonra, Festus adında yeni bir vali atandı. Pavlos'a, "Yeruşalim'de mi davanın görülmesini istiyorsun? Böylece davan sonunda sonuçlanır" dedi. Pavlos şöyle cevap verdi: "Ben masumum. Davamı imparatorun görmesini istiyorum. Sezar'a başvuracağım." Pavlos Roma vatandaşlarının sahip olduğu bütün haklara sahip olduğu için böyle söyledi. Her Roma vatandaşının, davasını imparator tarafından görülmesini isteme hakkı vardı. Bu nedenle Festus bu isteği kabul etmek zorundaydı.

Birçok başka tutuklu ve askerlerle birlikte Pavlos'u da Akdeniz'den Roma'ya çok uzun bir yolculuğa gönderdiler. Çok zor bir yolculuk oldu.

Geminin kaptanı kışı geçirmek için sakin bir liman arıyordu. Fakat kuvvetli bir rüzgar nedeniyle gemi kazası yaşandı. Gemi savruluyordu. Günlerce güneş ve yıldızları görmek mümkün olmadı. Herkes geminin batacağından ve öleceğinden korkuyordu.

Fakat Pavlos şöyle dedi: "Cesaretinizi yitirmeyin. Kimse boğulmayacak. Fakat gemi parçalanacak. Dün gece Allah'ın bir meleği bana görünüp şöyle dedi: 'Pavlos korkma! Allah hepinizi kurtaracak.' Allah'a güveniyorum ve meleğin sözüne inanıyorum. Bir adada karaya çıkacağız."

Pavlos'un söylediği gibi oldu. On dört gün boyunca gemi dalgalarla savruldu, ta ki sonunda karayı görene kadar. Kumsalı olan bir koyda durdular ve demir atmaya karar verdiler. Fakat bunu başaramadan gemi karaya oturdu. Gemi kuma saplanmıştı, fakat direği dalgalar nedeniyle kırılıp paramparça olmuştu. Herkes gemiden denize atladı. Yüzebilenler kumsala yüzdüler. Yüzemeyenler ise, odun parçalarına veya geminin başka parçalarına tutunarak su üzerinde kaldılar. Bu şekilde herkes kurtarılmıştı.

Karaya çıktıkları ada Malta Adası'ydı. Yolculuklarına devam edecek duruma gelene kadar bütün kışı burada geçirdiler.

Sonunda Roma'ya ulaştıklarında, Pavlos bir askerin gözetiminde ev hapsinde tutuldu. Tutukluydu, ancak misafir kabul edebiliyordu. Pavlos kendisini ziyaret eden herkese İsa Mesih hakkında vaaz etti.

(Elçilerin İşleri 24-28)

Pavlos birçok mektup yazıyor

Pavlos ziyaret ettiği her yerde Hristiyan topluluklar kurdu. Bu Hristiyanlar'ın hepsinin tavsiye ve yardıma ihtiyacı vardı. Sürekli olarak yolculuk edip onları ziyaret edemeyeceği için mektuplar yazdı. Bu mektuplarda yeni kiliselerin üyelerine Mesih'in önemini anlattı. Pavlos aynı zamanda onlara yaşamlarını nasıl sürdürecekleri hakkında da tavsiyeler verdi. Pavlos'un mektupları, kentteki Hristiyanlar Allah'a dua etmek ve tapınmak için biraraya geldiklerinde herkesin önünde okunurdu.

İsa Mesih'in başka öğrencileri de Hristiyan topluluklara mektuplar yazdılar.

Pavlos Korint Kilisesi'ne yazdı:

Kardeşlerim, hepinizin Allah'a hizmet etmek istediğinizi biliyorum. Kutsal Ruh hepinize, herkesin yararı için armağanlar verdi. Bazılarına ilahi bilgelikle konuşma, başkalarına ise sıra dışı iman gücü verdi. Kimisine mucizeler yapma, kimisine hastaları iyileştirme gücü verdi. Bütün bu armağanlar Allah'tan gelir. Farklılar, ama her biri çok önemli.

Hristiyan topluluğu insan bedeni gibidir: Beden birdir, fakat pek çok parçası vardır. Bacak elden farklıdır, göz kulaktan farklıdır. Ancak hepsi aynı bedene aittir. Göz, ele, "Sana ihtiyacım yok" ve baş bacaklara, "Size ihtiyacım yok" diyemez. Bedenin bütün parçaları önemlidir ve hiçbiri gereksiz değildir.

Hristiyan topluluk da böyledir. Hepiniz birlikte Mesih'in bedenisiniz, her biriniz, ayrı ayrı O'nun parçasısınız.

(1. Korintliler 12)

Yuhanna şöyle yazdı:

Sevgililer, birbirimizi sevelim çünkü sevgi Allah'tan gelir. Allah'ın sevgisini şöyle gördük: Bize yeni yaşam vermek için Oğlu İsa Mesih'i dünyaya gönderdi. Allah'a nasıl yaklaşacağımızı gösterdi.

Sevdiklerim, Allah bizi sevdiyse, bizim de birbirimizi sevmemiz gerekir. Şimdiye kadar kimse Allah'ı görmüş değildi. Biz birbirimizi seversek, Allah'la paydaşlık etmiş oluruz ve sevgisi bizde tamamlanmış olur.

Biri, "Allah'ı seviyorum" der, ama kardeşinden nefret ederse, yalancıdır. Nasıl göremediği Allah'ı sevip de, görebildiği kardeşinden nefret eder? Allah'ın bizlere verdiği buyruk bu mu? Allah'ı seven kardeşini de sevmelidir.

(1. Yuhanna 4)

Allah'ın yeni dünyası

Her gün daha fazla kişi İsa Mesih'e iman etti. Fakat Hristiyanlar'ın birçok düşmanı vardı. Roma İmparatoru, "İsa Mesih'e iman ediyorum" diyen herkesi hapse atma buyruğu verdi. Mesih'in havarisi Yuhanna'ya da böyle oldu. Tutuklandı ve Patmos Adası'na sürgüne gönderildi. Buradan ayrılmasına izin verilmiyordu. Oradayken, Allah, gelecek günlerde ve İsa geri döndüğünde neler olacağını ona gösterdi. Yuhanna, Allah'ın kendisine açıkladığı her şeyi yazdı:

> Büyük bir kalabalık gördüm. O kadar büyük bir kalabalıktı ki, insanların sayısını saymak mümkün değildi. Dünyadaki her ulustan insanlar vardı. Cennette, Allah'ın tahtının önünde duruyorlardı. Beyaz elbiseler giymişlerdi ve ellerinde palmiye ağaçlarının dalları vardı.
>
> Meleklerin hepsi tahtın çevresinde duruyorlardı. Allah'ı överek, "Tüm övgü, görkem, bilgelik, şükran, onur, güç ve kudret sonsuza dek Allahımız'a aittir. Amin!" diyorlardı.
>
> Biri açıkladı: "Bu insanlar büyük bir zulme katlandılar. Çok eziyet çektiler. Mesih uğruna çok şey çektikleri için buradalar. Allah'ın tahtının önünde duruyorlar ve gece gündüz O'na tapınıyorlar. Bir daha asla acıkmayacaklar, susamayacaklar. Güneş veya yakıcı sıcak onları yakmayacak. İyi çoban, İsa Mesih, onlara rehberlik edecek ve yaşam pınarına götürecek. Allah tüm gözyaşlarını silecek."

(Vahiy 7)

Haritalar

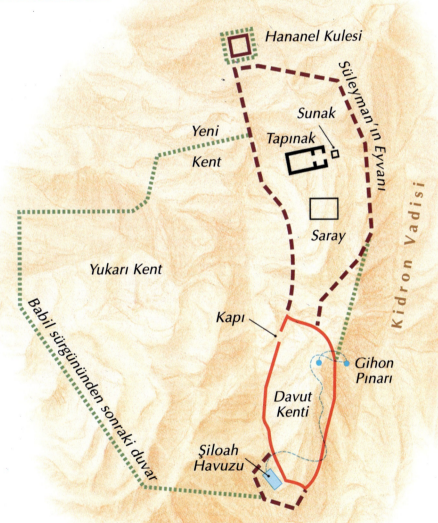

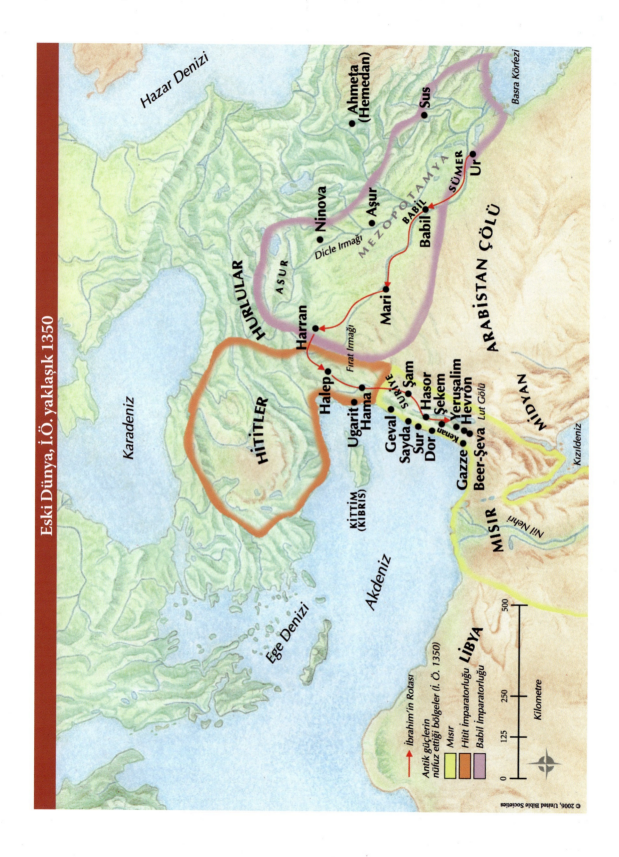

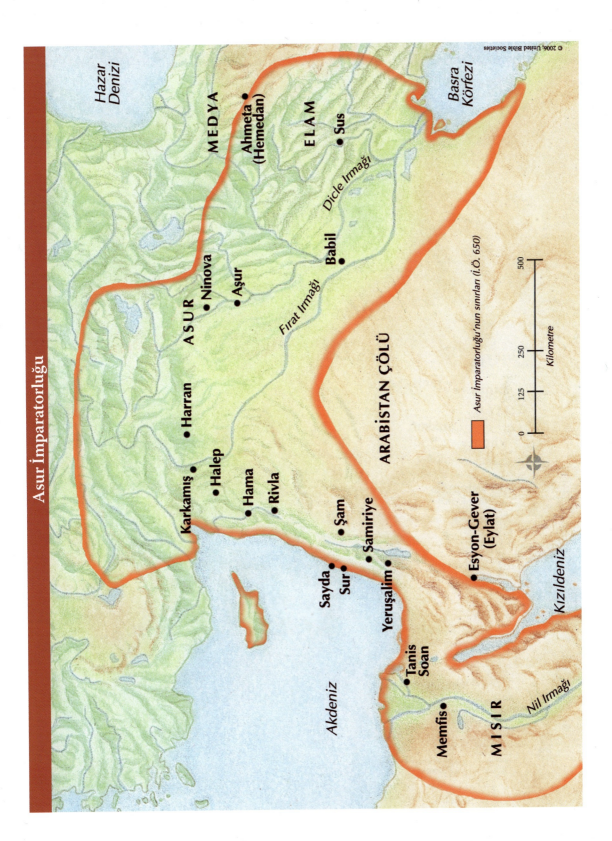

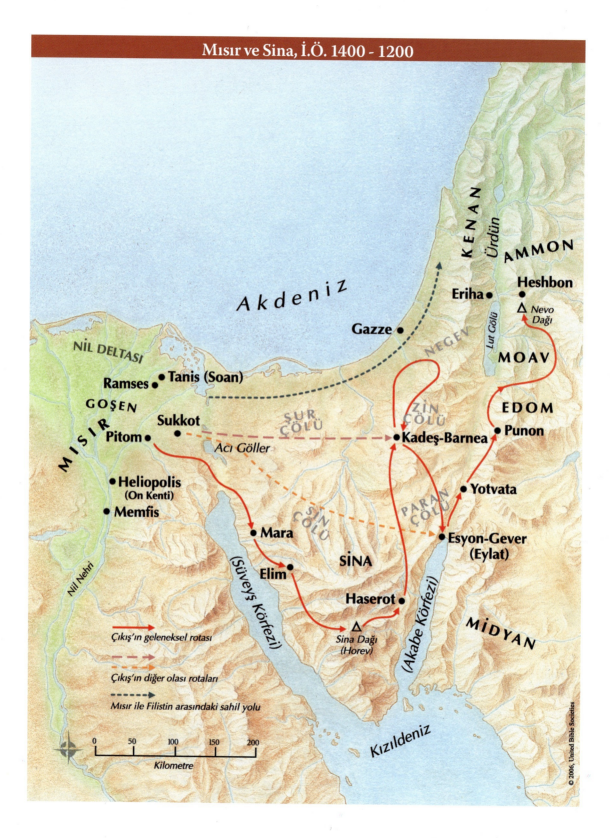

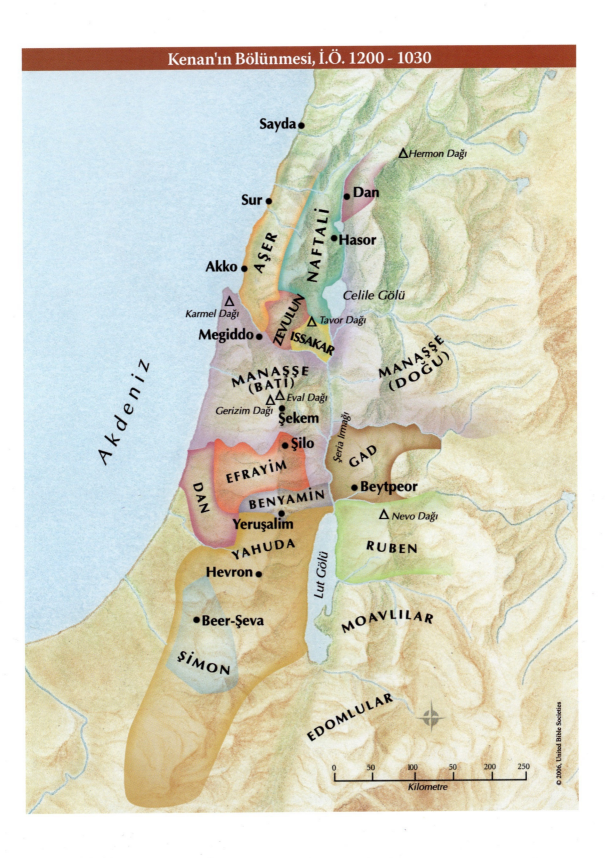

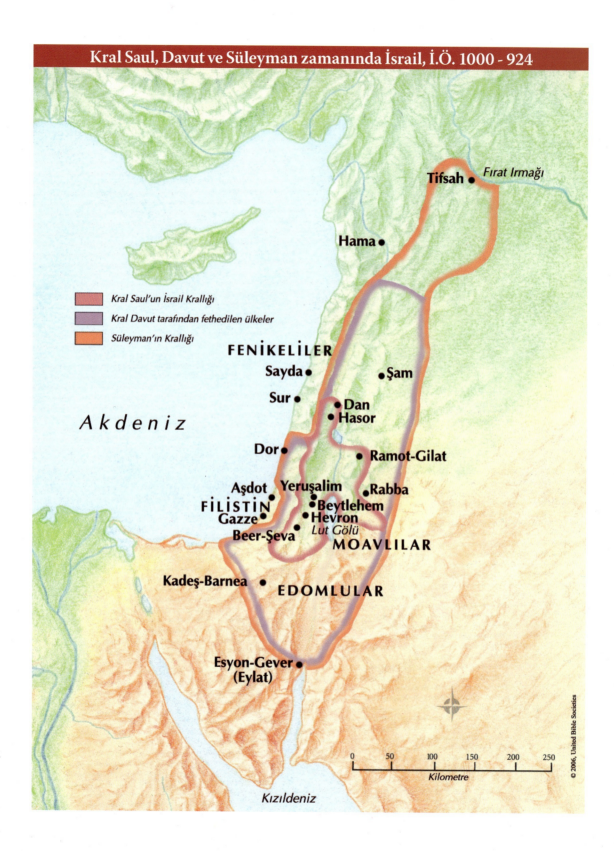

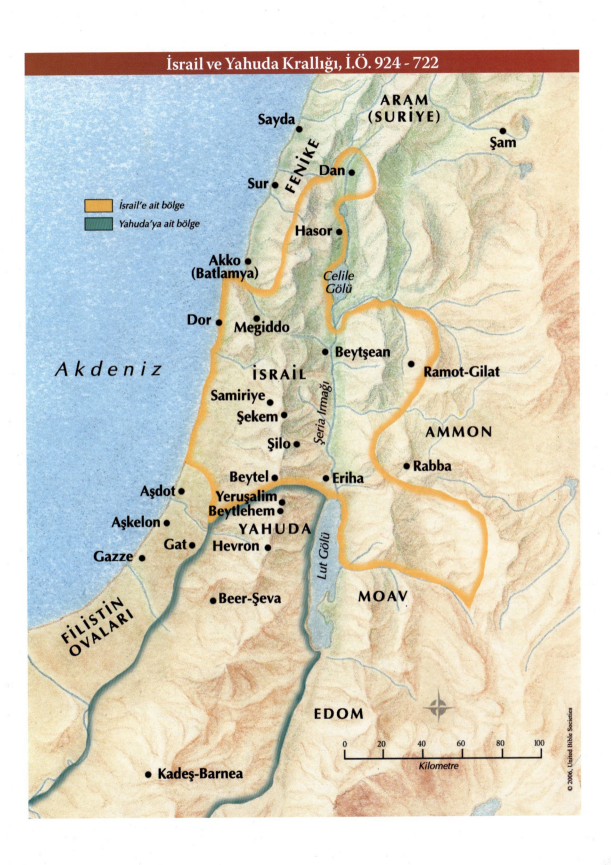

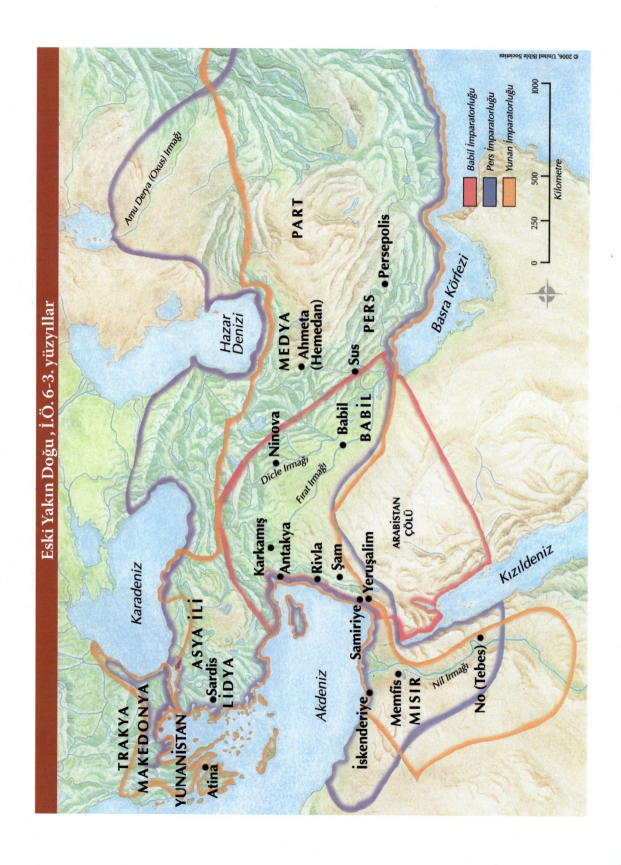

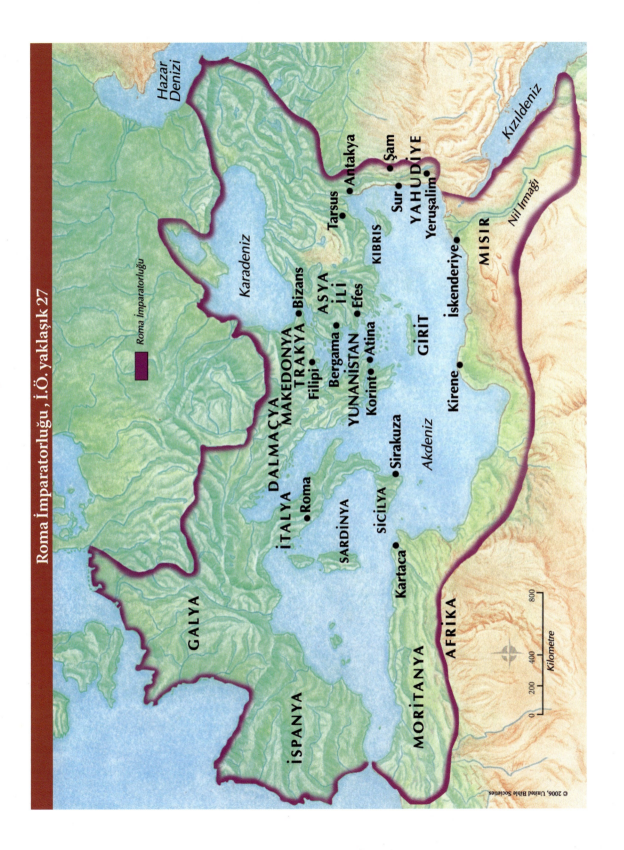

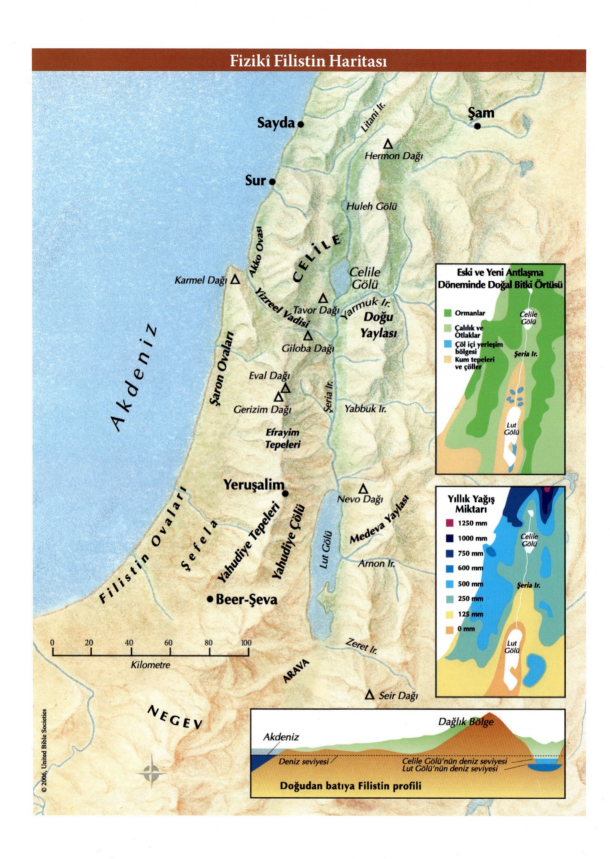

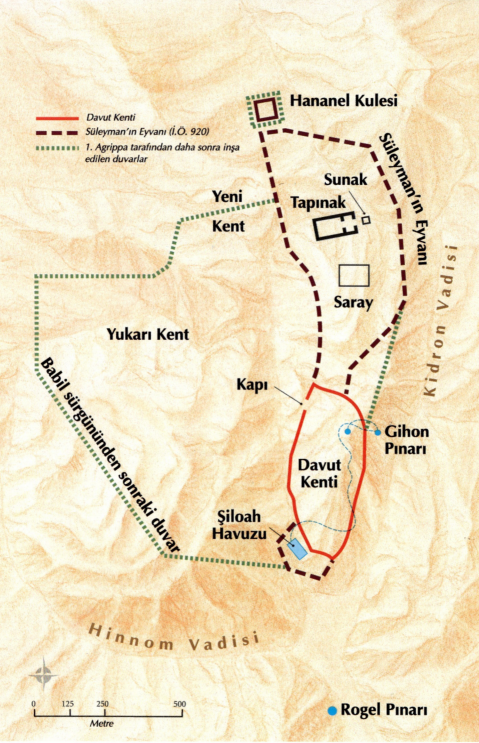

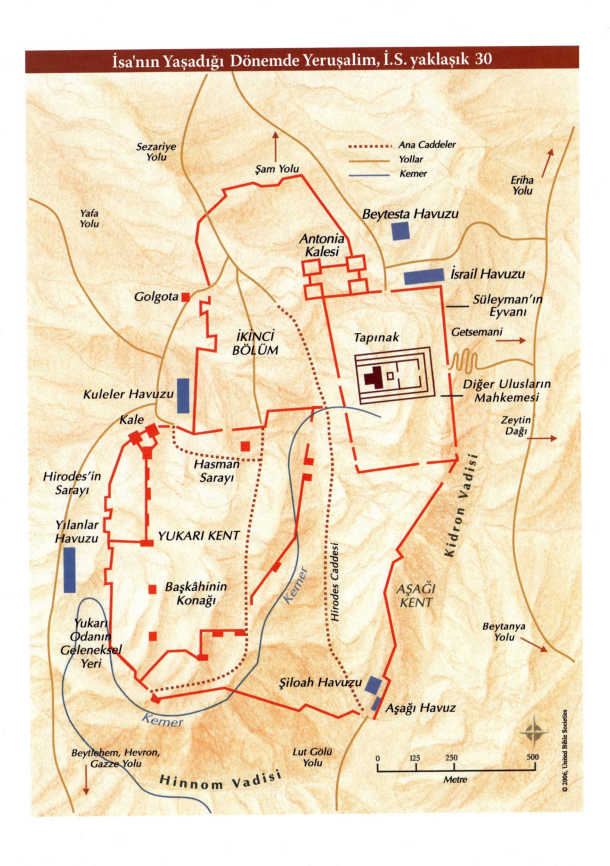

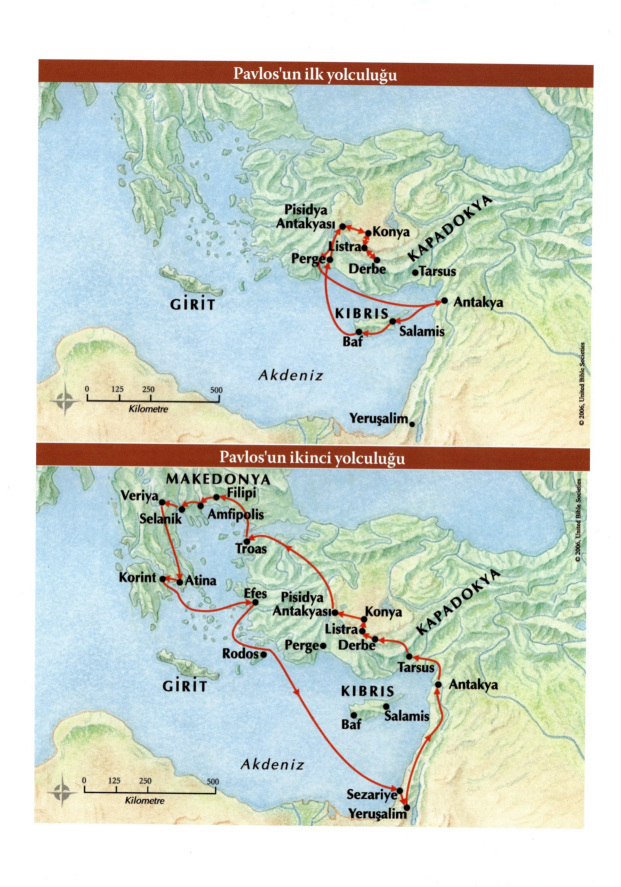

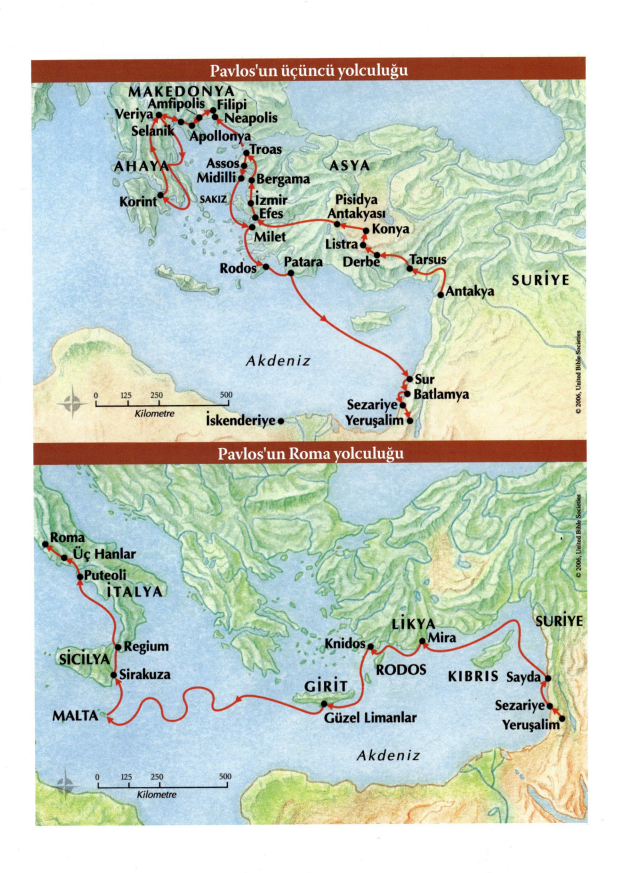